进口对企业绩效的影响研究

THE INFLUENCE OF IMPORT ON FIRMS' PERFORMANCE

李淑云 ◎ 著

经济管理出版社
ECONOMY & MANAGEMENT PUBLISHING HOUSE

图书在版编目（CIP）数据

进口对企业绩效的影响研究/李淑云著. —北京：经济管理出版社，2019.7
ISBN 978-7-5096-6794-1

Ⅰ.①进… Ⅱ.①李… Ⅲ.①进口贸易—影响—企业绩效—企业管理—研究—中国 Ⅳ.①F752.61②F279.23

中国版本图书馆 CIP 数据核字（2019）第 154289 号

组稿编辑：杜　菲
责任编辑：杜　菲
责任印制：高　娅
责任校对：陈晓霞

出版发行：经济管理出版社
　　　　　（北京市海淀区北蜂窝 8 号中雅大厦 A 座 11 层　100038）
网　　址：www.E-mp.com.cn
电　　话：（010）51915602
印　　刷：三河市延风印装有限公司
经　　销：新华书店
开　　本：720mm×1000mm/16
印　　张：12
字　　数：183 千字
版　　次：2019 年 7 月第 1 版　2019 年 7 月第 1 次印刷
书　　号：ISBN 978-7-5096-6794-1
定　　价：78.00 元

·版权所有　翻印必究·
凡购本社图书，如有印装错误，由本社读者服务部负责调换。
联系地址：北京阜外月坛北小街 2 号
电话：（010）68022974　邮编：100836

前 言

随着世界经济一体化进程的加深,国际贸易活动日趋活跃,企业作为参与国际贸易活动的微观主体,其对外贸易行为不仅影响到企业自身生产绩效和市场竞争能力的提升,还直接关系到国家整体经济实力的提升。因此,对企业贸易行为及其贸易利得的研究具有相当重要的现实意义。新新贸易理论提出以来,研究学者对企业贸易行为与其生产绩效(其中以生产率为核心)的研究侧重在出口方面,而对国际贸易的另一流向——进口,则关注相对较少,这主要是受限于进口方面数据的可得性,并非企业进口活动不重要。事实上,进口作为国际贸易的重要组成部分,它对企业绩效的影响是至关重要的。目前中国经济进入新常态发展阶段,出口贸易受阻,国内企业生存压力加大,也正处于生产效率改进、产品质量升级、企业综合能力提升的关键阶段。因此,如何利用进口提高企业生产率、提升市场竞争实力及稳固企业生存发展,并为产品质量升级及产业结构转型提供新动力,不仅是企业经营者首要面对的问题,也是政界及学术界都高度重视的话题。

本书以企业进口为研究视角,将企业绩效分为企业生产率(衡量企业生产能力方面的绩效)、企业利润率(衡量企业盈利能力的绩效)和企业生存(衡量企业长期发展的绩效)三个维度,对进口贸易和企业绩效进行全面而深入的研究。本书共包含七章内容。第一章是绪论。介绍了文章的写作背景和动机、研究意义等。第二章是进口影响企业绩效的相关理论。该部分全面梳理了有关进口影响企业绩效的理论成果。第三章是中国进口贸易及进口企业发展现状。该部分借助中国国研网统计数据库、中国海关进出口数据库等,全面呈现企业进口现状与中国企业绩效的典型特征,为实证分析提供现实依据。本书第四章至第六章是核心章节。其中,第四章是进口与企业生产率。首先,用理论模型进行推导,然后用中国工业企业数据库和海关数据库的合并数据,对"自我选择"效应与"进口学习"效应进行检验,并着力研究企业进口行为是否促进了企业生产率的提高;其次,检验进口影响企业生产率的作用机制;最后,检验进口产品异质性及企业异质性对进口影响企业生产率的异质性影响。第五章是进口与企业利润率。首先,检验进口企业是否比非进口企业获得更多的利润,过度进口会不会造成负面影响,以及进口强度处于哪个区间对企业利润率的促进作用最强;其次,从产品异质性、企业异质性、贸易方式异质性角度探讨进口对企业利润率的异质性影响。第六章是进口与企业生存。首先,分析进口行为是否有助于提高企业的存活率,延续企业生存时间,以及过度依赖是否造成负面效应;其次,检验进口在异质性企业中的作用效应是否存在差异,不同类型的进口产品及不同来源国的进口产品的影响效应是否存在差异。第七章是结论与展望。首先对本书主要研究结论进行总结,梳理出当前中国企业在提升绩效的过程中存在的问题;其次结合中国对外贸易的发展现状,为实现进口驱动,进而更好地实现我国产品质量升级及贸易方式转型提供有针对性的政策建议。

  本书主要的创新点在于:首先,因为目前企业绩效的衡量指标缺乏一个综合指标,且已有文献衡量企业绩效多以生产率为核心指标,本书将从企业生产能力、盈利能力、长期发展多维度评估投入品进口对企业绩效的影响;其次,已有文献多关注企业自身异质性的影响,本书不仅考虑了企业异质性的影响,还考虑了进口产品异质性的影响;最后,本书将梳理进口影响企业绩效的具体作用途径,并通过可行方法将每个作用机制进行实证检验,以探究进口影响企业绩效的主导作用机制。

  基于本书的理论分析和实证研究,最终本书得到的主要结论为:

（1）进口与企业生产率之间存在正向相关关系,进口通过产品技术溢出效应、产品种类效应、产品质量效应三条作用渠道影响企业的生产效率,其中,以产品质量效应为主导;在中国进口企业中,"自我选择"效应和"进口学习"效应是同时存在的;企业对资本品及中间产品的进口均能提升中国企业的生产率,其中资本品的进口学习效应比中间品的进口学习效应更强、更突出;从分样本的估计结果来看企业的进口学习效应主要来源于发达国家的进口,尤其从G7国家进口产品的进口学习效应最突出,而从欠发达国家进口产品的进口学习效应十分有限。

(2) 企业进口有助于提高企业利润率,特别是对从事一般贸易的企业的利润率提升作用更突出,但是过度依赖进口也会对企业利润率产生负面影响;在总体贸易情形下,唯有资本品进口能够显著提升企业利润率,中间产品的进口反而降低了企业的利润率;在一般贸易情形下,企业对两种类型的投入品进口均能提升企业利润率,其中资本品进口对企业利润率的提升作用最强;进口对企业利润率的影响会受企业生产率、人力资本水平异质性的影响,当企业生产率及人力资本水平很低时,进口反而降低了企业的利润率,随着企业生产率及企业人力资本水平的提高,进口对企业利润率的影响由负向转为正向,且正向影响效应逐渐变大。

(3) 企业进口活动有助于降低企业的生存风险,且随着进口强度的增大和进口持续时间的增长,企业生存风险逐渐降低;直接效应下,企业进口产品数量的扩大、进口产品种类的增加及产品质量的提高能显著降低企业生存风险,其中进口产品质量起主导作用;间接效应下,进口通过提升企业生产效率、引致出口或扩大出口范围进而延续企业生存;进口对企业生存风险的抑制作用会受到企业研发水平、企业融资能力、企业规模的影响;资本品及中间品中零配件对企业生存风险的抑制作用较强,其次是加工型中间品,而初级型中间品对企业生存风险的抑制效应最小;不论是从发达国家进口还是从欠发达国家进口产品,都有助于降低企业生存风险,但是从G7国家进口的产品对企业生存风险的抑制作用更为突出。

本书的研究为我国现阶段"促进口"战略实施提供了有益的政策启示:首先,中国企业进口时在注重产品多元化的同时也要注重产品质量,进口高质量投入品是提高企业生产效率、提升企业利润率及延续企业生存的有效途径;其次,当前中国政府在调整进口政策时,应鼓励企业增加对先进机器设备、关键性零配件等高科技产品的进口,以加快中国企业的技术升级;最后,我国应该加快完善进口政策,搭建更多平台鼓励企业投入品进口,尤其是鼓励企业多从知识密集度高的 G7 国家进口,在加大高技术含量投入品进口的同时,也要注重企业自身吸收能力的提升。

目 录

第一章 绪 论 ·· 001
  一、研究背景与意义 ·· 001
  二、研究目标、研究思路、研究内容与研究方法 ···················· 006
  三、主要的创新点及重难点 ·· 010

第二章 进口影响企业绩效的相关理论 ·· 013
  一、企业绩效衡量指标 ·· 014
  二、进口与企业生产率 ·· 016
  三、进口与企业利润率 ·· 019
  四、进口与企业生存 ·· 022
  五、文献综述评述 ·· 024

第三章 中国进口贸易及进口企业发展现状 ···································· 026
  一、中国总体进口贸易发展现状 ·· 027
  二、中国进口企业的现状分析 ·· 039
  三、本章小结 ·· 045

第四章 进口与企业生产率 ·· 047
  一、理论模型 ·· 048
  二、数据来源与处理说明 ·· 059

三、模型构建与指标说明 …………………………………… 061
　　四、实证结果分析 …………………………………………… 064
　　五、本章小结 ………………………………………………… 081

第五章　进口与企业利润率 ………………………………………… 083
　　一、理论分析 ………………………………………………… 085
　　二、数据处理及研究方法 …………………………………… 088
　　三、估计结果与分析 ………………………………………… 094
　　四、影响机制检验 …………………………………………… 102
　　五、本章小结 ………………………………………………… 108

第六章　进口与企业生存 …………………………………………… 110
　　一、理论分析与研究假说 …………………………………… 112
　　二、数据处理、企业生存与风险函数估计 ………………… 116
　　三、模型设定与指标构建 …………………………………… 120
　　四、实证分析结果 …………………………………………… 124
　　五、异质性研究 ……………………………………………… 131
　　六、进一步研究 ……………………………………………… 136
　　七、本章小结 ………………………………………………… 138

第七章　结论与展望 ………………………………………………… 140
　　一、研究结论 ………………………………………………… 140
　　二、政策启示 ………………………………………………… 142
　　三、研究展望 ………………………………………………… 144

附　　录 …………………………………………………………… 148

参考文献 …………………………………………………………… 165

后　　记 …………………………………………………………… 182

第一章
绪 论

一、研究背景与意义

本章主要就本书的选题背景、研究意义、研究内容及研究方法等进行相关说明，具体地，首先介绍研究背景与意义；其次介绍研究思路、各章的结构安排及研究方法；最后介绍研究的主要创新点及重难点。

（一）研究背景

随着世界经济一体化进程的加深，各国之间贸易活动日趋活跃，作为国家间国际贸易活动的微观参与者，企业对外贸易行为不仅影响其自身生产绩效和市场竞争能力的提升，还直接关系国家整体经济实力的提升。因此，对企业贸易行为及其利得的研究具有相当重要的现实意义。自新新贸易理论提出以来，学者对企业贸易行为与其生产绩效（其中以生产率为核心）的研究侧重在出口方面，而对国际贸易的另一流向——进口，则关注相对较少，Bernard 等（2007）认为这主要受限于进口方面数据的可得性，而并非企业进口活动不重要。

事实上，进口作为国际贸易的重要组成部分，其对企业绩效的影响是非常重要的，原因如下：首先，从福利角度看，进口可能比出口更为重要。正如Krugman（1994）的研究结论，国家参与国际贸易的最终目的是进口而不是出口，而且一个国家参与国际贸易的真正利得是有能力进口其需要进口的东西。其次，发达国家在新产品研发设计与生产技术方面存在优势，发展中国家主要通过模仿发达国家的新产品设计和生产技术来实现经济增长，而这些模仿过程正是通过进口先进的、高质量的投入品来实现的（余淼杰和李乐融，2016）。中国自加入WTO以来，国内企业虽然得到较快发展，但是在全球价值链分工中一直处于比较弱势的地位，这是因为中国与发达国家在机器设备、关键性零部件及原材料生产等方面存在技术差距（张杰，2014）。如果高科技产品或原材料的进口能提升我国企业生产率或产品质量，这会促使我国从生产低端、低附加值产品的制造业大国向生产高端、高技术产品的制造业强国转型，提升我国企业在全球价值链分工中的地位。再次，企业出口活动与进口活动往往有很强的相关性，一个国家中大规模的出口商往往同时也是大规模的进口商，从一个企业的出口现状可以预测到该企业的进口现状（Bernard等，2009），这意味着出口与企业绩效的相关研究（Schank等，2007；Frias等，2009；汤二子，2017）如果不控制进口，就会高估或者低估出口的影响。最后，随着国家对企业层面进口贸易数据的逐渐开放，已有越来越多的学者开始关注进口与企业生产率之间的关系，他们认为企业参与进口活动后可以通过学习、种类、质量等途径提升企业生产率（Amiti和Klonings，2007；Halpern等，2015；陈勇兵等，2012；张杰等，2015），在此情况下，从外国制造商购买更高质量的投入品也会进一步增加企业的利润（Martins和Opromolla，2010）。

此外，我国对外贸易活动的参与为企业生存发展带来机遇的同时也有一定冲击，特别是目前中国国内经济进入新常态发展阶段，中国企业生存压力加大。而企业生存发展不仅关系到企业经营者及工人的切身利益，从宏观上看还关系到国民收入、就业水平及社会稳定，这些对经济增长的贡献是不言而喻的。因此,如何提高企业生产效率、提高市场竞争实力及稳固企业生存发展,不仅是企业经营者首要面对的问题,也是政界及学术界都高度重视的话题。

自改革开放以来,中国实行的是出口导向型对外贸易政策,进口处于"为出口而进口"的从属地位。中国多年的出口贸易导向型政策促使中国出口贸易取得骄人的成绩,但是中国巨大的对外贸易顺差也遭受了很多国家的不满与指责,致使中国经常受到国际贸易的制裁。因此,促进中国对外贸易平衡发展非常重要。近年来,中国政府坚持进口与出口并重,加快实施积极的进口政策。例如,2014年的《国务院办公厅关于加强进口的若干意见》、2015年的《国务院办公厅关于促进进出口稳定增长的若干意见》、2016年的国家"十三五"规划纲要等。国际金融危机爆发以来,中国的进口额增加5815亿美元,占世界贸易增量的近20%,成为全球贸易复苏的重要拉动力量。且中国政府承诺将进一步营造法治化、国际化、便利化、公平竞争的营商环境,促进对外贸易持续、健康、平衡的发展,推动中国实现由贸易大国向贸易强国的转变。总之,如今扩大进口贸易、优化进口结构已经成为中国一项新的国家战略和重要经济政策。

近年来,为了优化产业结构,同时支持出口贸易的发展,我国加大了对先进技术、关键零部件和重要设备等高新技术产品的购买力。例如,2016年前三季度我国对高新技术产品的进口额高达2.46万亿元,同比增长了1.4%。我国对大宗商品进口量继续增加而进口价格有所下跌,不仅节省了外汇支出,而且有助于企业降低生产成本增加收益。例如,2016年前三季度,我国进口的铁矿石增长9.1%、原油增长14%、煤增长15.2%、铜增长11.8%。[①] 财政部表示,2018年进口关税调整将继续支持创新驱动发展和供给侧结构性改革,鼓励国内亟需的先进设备、关键零部件和能源原材料进口,以进口暂定税率方式降低数字化X射线摄影系统平板探测器、多臂机或提花机、动力电池正极材料、先进医药原料、椰糠等

---

① 商务部国际贸易经济合作研究院2016年发布的《中国对外贸易发展形势报告》。

商品的进口关税；并适当扩大汽车进口模具暂定税率的适用范围。

为促进"一带一路"和自由贸易区建设，我国将对原产于26个国家或地区的部分进口商品实施协定税率，其中2018年新实施的有中国与格鲁吉亚自贸协定，进一步降税的有中国与东盟、巴基斯坦、韩国、冰岛、瑞士、哥斯达黎加、秘鲁、澳大利亚、新西兰自贸协定；继续实施的有中国与新加坡、智利的自贸协定以及亚太贸易协定第三轮关税减让安排；我国内地分别与港澳地区的更紧密经贸安排（CEPA）将适当扩大实施零关税的商品范围，继续实施海峡两岸经济合作框架协议（ECFA）。

此外，我国已于2017年7月对部分信息技术产品的最惠国税率实施了第二次降税，这一措施在2018年上半年继续实施，并于2018年7月起启动第三次降税，同时对部分信息技术产品的进口暂定税率作相应调整。2018年，我国继续执行APEC环境产品降税承诺，并继续给予有关最不发达国家零关税待遇。预计未来5年，中国将进口超过10万亿美元的商品和服务。①

中国政府在扩大进口贸易、优化进口结构上实施如此大量举措，在中国境内必将引起新一轮变革，也将有利于进口产品同国内产品开展竞争，引导我国供给体系转型升级。在全球经济一体化、知识化、信息化的当代，企业之间的竞争越来越激烈，企业生存更加艰难，企业经营者对企业生存的追求也愈加炽烈。如今企业开展国际化经营战略，改善企业各方面的经济绩效、提升企业经营能力已是一种必然趋势。中国企业能否从进口活动中获益？中国企业的进口行为能否提升自身生产效率？能否给企业带来更大利润空间？从长期来看，对企业生存的影响又如何？其具体的作用途径是什么？此外，企业进口的产品在产品用途、产品来源国、产品技术含量、产品质量等方面存在显著差异，那么进口对企业绩效的影响是否会受到产品异质性的影响？企业自身的异质性又会带来怎样的影响？对这些问题的全面而深入的研究和回答对了解经济增长的微观决定因素，客观评

---

① 《经济日报》—中国经济网。

估中国进口战略的经济绩效及实现中国产品质量升级和贸易结构优化都具有重要的现实意义。

（二）研究意义

1. 理论意义

传统内生经济增长理论多用于分析宏观层面经济增长（如国家或者区域层面经济增长）问题，本书结合内生经济增长理论，构建投入品进口与企业绩效的数理模型，将"干中学"理论深入到微观企业层面，分析企业经济绩效问题，完善内生经济增长理论体系，并结合经验分析法为"干中学"理论提供经验证据。异质性企业贸易理论作为最前沿的国际贸易理论，其逻辑架构和理论体系还不完善，如异质性贸易理论的相关研究多关注企业出口行为与企业生产率之间的关系，以及企业国际化路径选择——OFDI还是出口，而对企业进口行为的研究相对较少。本书从企业进口行为入手研究企业进口与其生产绩效之间的关系，为异质性贸易理论做一些有益的扩展和补充。

2. 现实意义

本书着力对企业进口与企业生产绩效做全面而深入的研究，为我国微观企业如何提高生产效率，提升利润率及提高企业生存概率、延长企业生存时间提供重要的政策参考价值，而且这一问题的回答对于了解经济增长的微观决定因素，客观评估中国进口战略的经济绩效及实现中国产品质量升级和贸易结构优化都具有重要的现实意义。本书对企业投入品进口的研究为中国突破资源限制、中等收入陷阱，在对外经济政策上呼应供给侧改革，提供正确的路径选择和决策依据。因此，本书具有比较重要的现实意义和应用价值。

二、研究目标、研究思路、研究内容与研究方法

（一）研究目标

1. 理论层面的研究目标

本书将系统回顾和梳理异质性企业贸易理论与实证研究的发展脉络，在异质性企业贸易理论的框架下深入分析企业进口活动与企业绩效的影响机制并提出理论假说，一方面为后续的经验研究奠定理论基础，另一方面为异质性贸易理论做一些有益的扩展和补充。

2. 实证层面的研究目标

在异质性企业贸易理论与"干中学"理论框架下，本书构建企业进口对企业生产率、利润率、企业生存的计量模型，利用中国工业企业微观数据对此进行深入的实证检验，从生产能力、盈利能力及长期发展三个维度量化进口对企业绩效的影响并进行异质性检验，验证所提出的理论假说，同时为"干中学"理论提供微观经验证据。

3. 政策层面的研究目标

基于理论分析和实证研究所得的结论，为如何提高中国制造业企业的生产能力、市场盈利能力、延长企业生存时间提供参考价值，同时也为中国贸易政策与产业政策的制定提供理论和经验依据。通过研究企业进口行为对其生产绩效的影响，有助于回答中国异质性企业绩效提升过程中对投入品进口的依赖程度，并能够准确地识别当前潜在的问题，在此基础上结合中国的实际，为促进企业绩效的提升以及实现中国贸易均衡战略提出有针对性的政策建议。

（二）研究思路及内容

本书在整体上采用理论研究与实证分析相结合的方法，既包括理论模型与传导机制分析，又结合现实数据进行实证检验，并针对研究结论提出了实际政策建议。本书针对已有研究的不足并结合现实背景展开研究，以企业进口为研究视角，将企业绩效分为企业生产率（衡量企业生产能力方面的绩效）、企业利润率（衡量企业盈利能力的绩效）和企业生存（衡量企业长期发展的绩效）三个维度，对进口贸易和企业绩效进行全面而深入的研究。本书研究内容主要分为以下几部分：

1. 进口与企业绩效的理论梳理与现状分析

全面梳理有关进口影响企业绩效的理论成果，将企业绩效概括为衡量企业生产能力的企业生产率、衡量企业盈利能力的企业利润率以及衡量企业长期生存能力的企业生存三个层次，以囊括企业的动态发展全过程。借助数理模型将投入品进口对企业绩效的影响纳入新新贸易理论的研究框架，借助本模块的分析为后续的实证分析奠定理论基础。借助中国工业企业数据库、中国海关进出口数据库等微观数据库，全面呈现企业进口与中国企业绩效的典型特征，为实证分析提供现实依据。

2. 进口对企业生产率的影响研究

系统梳理国内外学者关于进口和企业生产率的研究成果，在此基础上运用中国企业数据对进口和企业生产率做系统的研究，首先，对自我选择效应与进口学习效应进行检验，着力研究企业进口行为有没有促进企业生产率的提高及进口促进生产率的途径有哪些。其次，将进口产品进行分类，检验异质性产品的进口对企业生产率的影响效应是否存在差异。

3. 进口对企业利润率的影响研究

着力研究企业进口行为对企业盈利能力的影响，首先，检验进口企业是否比非进口企业获得更多的利润（中国进口企业是否存在"利润率溢价"），过度进口会不会造成负面影响，最优进口强度区间是什么，进口影响企业利润率的作用途径有哪些。其次，检验进口在异质性企业中的作用效应是否存在差异，包括异质性企业的生产率、人力资本水平差异等。

4. 进口与企业生存的关系研究

选取生存分析模型对进口行为与企业生存的关系进行检验，其进口行为包括进口倾向、进口强度和进口持续时间三个方面，分析进口行为是否有助于提高企业的生存概率，延续企业生存时间，过度依赖是否造成负面效应。并同时检验进口在异质性企业中的作用效应是否存在差异，不同类型的进口产品及不同来源国的进口产品的作用效应是否存在差异。为我国微观企业提高生存概率、延长生存时间提供解决思路。

进口对企业生产率、企业利润率及企业生存的关系三部分的实证研究构成本书的研究重点，主要围绕进口对企业生产率、利润率和企业生存的总体及异质性影响展开实证研究。

5. 进口驱动与企业绩效提升的对策分析

对全文的主要研究结论进行总结，梳理出当前中国企业在提升绩效过程中存在的问题，在此基础上结合中国对外贸易的发展现状，为实现进口驱动，进而更好地实现我国产品质量升级及贸易方式转型提供有针对性的政策建议。

诚然，企业绩效包含企业规模、企业生产率、企业利润率、工资、创新、企业存活等很多维度（Wagner，2014），而本书仅选取了企业生产率、企业利润率及企业生存这三个维度作为企业绩效的代表性指标，其原因在于我们认为这三个指标是衡量企业绩效最为重要的指标，且这三个指标之间具有一定的相关性：

首先，企业做出任何行为决策首要的目标是利润最大化，企业利润率代表了企业的盈利能力，是本书首选的绩效指标；其次，近年来发展起来的新新贸易理论中的两大基础性核心模型（Melitz 模型和 BEJK 模型）中，企业异质性是指企业生产率不同，此后，关于企业国际贸易行为与其生产绩效的相关研究都是将企业生产率作为衡量企业绩效的核心指标，因此，企业生产率是我们进行此类相关研究所必须选择的绩效指标；最后，企业生存作为企业长期发展的绩效指标，一方面，企业要想在激烈的市场竞争中维持生存，必须具备基础性的盈利能力；另一方面，企业生产率体现着企业核心竞争力，企业在市场上的生死存亡很大程度取决于企业生产率水平。因此，将企业绩效概括为衡量企业生产能力的企业生产率、衡量企业盈利能力的企业利润率以及衡量企业长期生存能力的企业生存三个层次，并对进口与企业生产率、进口与利润率、进口与企业生存进行研究，足以囊括进口对企业的动态发展全过程的影响。

本书的基本逻辑是，通常生产效率高的企业才会选择进口，即到国际市场上采购价格更低、质量更好的生产投入品；反过来，企业因为参与进口活动就会进一步促进自身生产率的提升；然而生产率优势并不代表利润率优势，因为企业进口时需要付出一定的固定成本（沉没成本），当企业生产率优势足以弥补因进口而产生的额外的成本时，进口企业才会盈利（即进口企业存在"利润率溢价"）；企业生产效率的提高及企业盈利能力的提升又会进一步提高企业在市场上的存活率，延续企业生存。

（三）研究方法及本书结构框架

本书在整体上采用理论研究与实证分析相结合的方法，既包括理论模型与传导机制分析，又结合现实数据进行实证检验与对策研究，研究方法及研究框架如下：

首先，系统总结和完善有关理论，借助数理模型将企业进口行为对其生产绩效的影响进行深入全面的理论研究。

其次，透彻分析进口影响企业生产绩效的作用机制，综合运用面板数据的最小二乘法、系统 GMM 法及 Heckman 两步法、PSM – DID 法等（生存分析部分需要用到 COX 风险比例模型、Weibull 及 Cloglog 生存分析模型）进行总体及异质性分析，力求给出多维度、稳健的检验结果。

最后，梳理国内外企业进口与其生产绩效的政策资料，并结合中国发展国情就有关政策效果进行评论，根据实证分析给出相关的政策建议，为中国企业发展寻求适宜的路径。

本书的结构框架如图 1.1 所示。

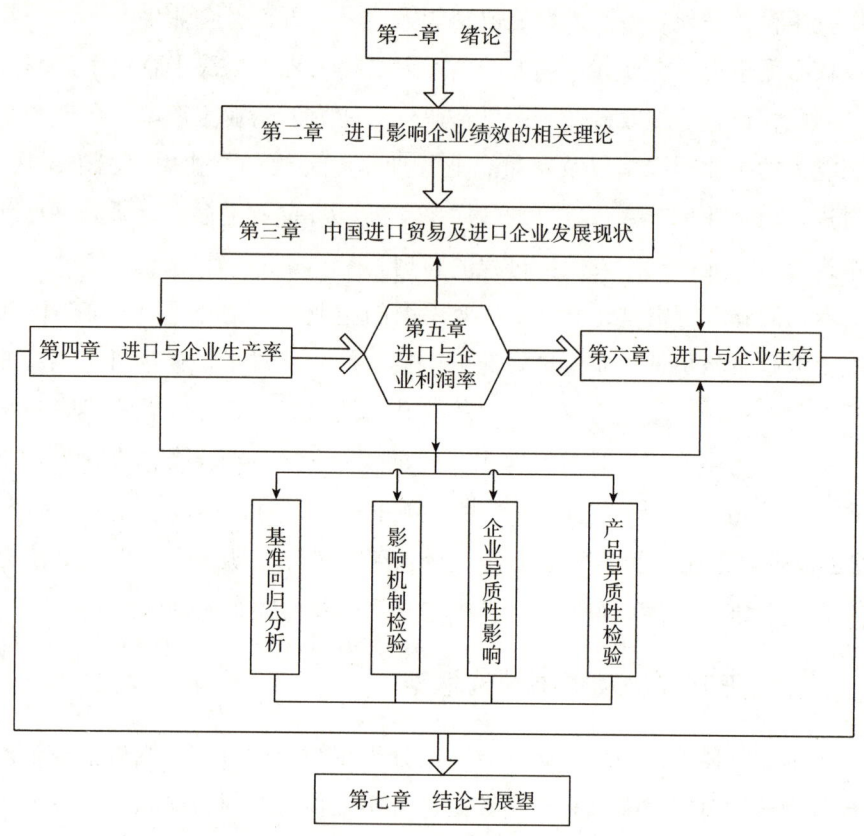

图 1.1　本书的结构框架

三、主要的创新点及重难点

（一）主要创新点

首先，企业绩效的衡量指标缺乏一个综合指标，已有文献衡量企业绩效多以生产率为核心指标,本书不仅考虑进口对企业的生产能力的影响,还将研究进口对企业盈利能力的影响及进口对企业生存的影响。例如,本书利用生存分析模型对进口行为与企业生存的关系进行检验,其进口行为包括进口倾向、进口强度和进口持续时间三个方面,分析进口行为是否有助于提高企业的生存概率,延续企业生存时间,过度依赖是否造成负面效应。总之,本书将从生产能力、盈利能力、长期发展多维度评估投入品进口对企业绩效的影响。

其次,已有文献多关注企业自身异质性(所有制形式、贸易方式、有无研发投入等)的影响,本书不仅检验进口在异质性企业中的影响效应是否存在差异,还考虑了进口产品异质性的影响,本书将着重检验不同类型的进口产品及不同来源国的进口产品对企业绩效的作用效应是否存在差异。

再次,本书将梳理进口影响企业绩效的具体作用途径,通过可行方法将每个作用机制进行量化并加入实证检验模型,如进口的产品种类、产品质量、产品技术溢出机制等,以发现进口影响企业绩效的主导作用机制。

最后,为得到更为准确的研究结论,本书力求研究手段的交叉与融合,致力于构建科学、合理的指标体系,实现研究方法的创新。根据分析问题的需要,综合选用面板数据的两阶段最小二乘法、动态面板回归法、非线性内生门限回归法、Heckman 两步法、PSM – DID 法、生存分析模型等。

(二) 本书重难点

1. 重点

(1) 在经济全球化和国际垂直专业化分工背景下,中国企业对生产投入品的进口实现了持续快速的增长。本书重点检验了中国企业进口行为对企业绩效中的企业生产率、企业利润率、企业生存的影响,以及具体的影响途径。

(2) 因企业进口的产品在产品用途、产品来源国、产品技术含量、产品质量等方面存在显著差异,本书检验了进口产品异质性对企业绩效的差异化影响及不同进口强度对企业绩效的异质性影响。

(3) 由于企业在生产率水平、研发水平、融资能力、企业规模等方面均存在明显差异,本书还检验了进口在异质性企业中的差异化影响效应。异质性问题的研究将是客观评价企业进口决策的经济绩效和支持中国贸易均衡发展战略的重要依据。

2. 难点

(1) 本书利用2000~2013年中国规模以上制造业企业和中国海关贸易统计库的合并数据,其数据庞大、运行时间慢,企业生产率、成本加成、进口关税、产品种类、技术溢出、产品质量等测算指标十分复杂,容易出错,须耐心且小心谨慎,我们将秉承精益求精的科研态度,不断求索,解决这一难点。

(2) 在实证分析中经常遇到的难题是相关关系并不代表因果关系,如何综合使用多种计量方法进行分析以提高研究的可信度,也是本书研究的难点所在。笔者将努力学习前沿计量方法,夯实经济学理论基础,采用现代流行的工具变量法(将进口关税作为进口的工具变量,解决遗漏变量造成的内生性)、PSM – DID 法(解决互为因果关系产生的内生性)、Heckman 两步法(解决样本选择偏误导致的内生性)、GMM 法、两阶段最小二乘法(2SLS)等多种计量分析方法进行分析以提高研究的可信度。

第二章
进口影响企业绩效的相关理论

新新贸易理论提出以来,研究学者对企业贸易行为与其生产绩效(其中以生产率为核心)的研究侧重在出口方面而对进口方面关注相对较少,Bernard 等(2007)认为这主要是受限于进口方面数据的可得性,而并非企业进口活动不重要。随着国家对进口数据的逐渐开放,已有越来越多的研究开始关注企业的进口行为。例如,进口与企业的生产绩效之间的相关研究,有进口与企业生产率的关系(Amiti 和 Klonings,2007;Halpern 等,2015;陈勇兵等,2012;张杰等,2015;李淑云和慕绣如,2017),进口与企业利润率的关系(Wanger,2014a、2014b),进口与企业的生存关系(Wanger,2012;许家云等,2016)等。尽管研究对象不同,但是得到了类似的研究结论,如 Amiti 等(2014)对比利时、Kasahara 和 Lapham(2013)对智利、Blaum 等(2013、2014)对法国、Halpern 等(2015)对匈牙利、Amiti 和 Davis(2011)对印度尼西亚等的研究。

还有少量研究分析了中介机构、零售商的进口行为,如 Ahn 等(2011)、Akerman(2012)、Antràs 和 Costinot(2011)、Bernard 等(2015)、Bernard 等(2010)、Blum 等(2010)的研究。而 Bernard 和 Fort(2015)及 Bernard 等(2017)研究了企业将生产程序全都外包出去,从制造业转向非制造业对企业绩效的影响。Liu 和 Trefler(2008)及 Breinlich 和 Criscuolo(2011)研究了服务业进口的影响,但是因为受限于服务业贸易数据的可得性,产品进口比服务业进口得到更广泛的关注。最近关于生产网络的研究检验了买卖双方个体之间的进口和出口模型，包括 Bernard 等（2014、2015）、Chaney（2014、2015）、Eaton 等（2015）、Eaton 等（2016）、Lim（2017）的研究。田朔等（2015）研究了汇率变动、中间品进口与企业出口之间的关系，指出"中间品进口能够抵消汇率水平变化对企业出口额及扩展边际的影响，汇率波动影响企业出口的过程中进口中间品的作用不够稳健"。而许家云（2018）研究发现"中间品进口通过'中间产品质量效应'、'产品种类效应'与'技术溢出效应'三个可能的渠道显著促进了企业出口产品质量提升，但是该效应因企业生产率水平、融资约束、所有制和贸易方式的不同而具有显著的异质性，并且因中间品进口来源国和中间品技术含量的不同而不同"。

企业绩效的衡量指标缺乏一个综合指标。在研究进口与企业绩效的相关研究中，企业绩效衡量指标多是以生产率为核心，然而企业生产率仅仅衡量了企业生产能力。随着这一领域研究的日益深入，学界逐渐认识到无论从理论研究还是实证研究层面来看，使用代表企业盈利能力的利润率指标来衡量企业绩效并进行相关研究是非常有必要的（Wanger，2014）。而且，由于微观企业关系着一国社会经济的发展和稳定，无论是政府、企业经营领导者还是普通员工，都将企业生存与经营期限问题视为企业发展的第一要务，企业生存代表着企业绩效的长期发展指标（Wanger，2012），因此，对进口与企业生存的研究也具有非常重要的现实意义。但目前学术界在关于微观企业贸易行为的研究中忽视了企业贸易行为（尤其是企业进口）对企业盈利能力和企业生存的影响。

一、企业绩效衡量指标

关于企业绩效（Firm Performance），学者们的衡量方法不尽相同。例如，Mahony（2009）、Sharma（2012）研究了研发投入与企业绩效的关系，用企业生产率衡量企业绩效；Falk（2012）研究了研发强度与企业绩效的关系，以销售收入增长率衡量企业绩效；李玉蕾和袁乐平（2013）研究了战略人力资源管理对企业绩效的影响研究，以企业营业利润率作为企业绩效的衡量指标；Bin（2006）使用中国软件行业的数据检验发现，研发强度与企业利润率、生产率均负相关；戴小勇和成力为（2013）研究了研发投入强度对企业绩效影响的门槛效应，分别使用全要素生产率和利润率衡量企业绩效。

企业绩效通常被认为是一个多维度的构念，不同的研究会采用不同的测量方式。企业绩效测量指标可以分为财务指标和非财务指标：前者一般包括销售额增长率、利润率、资产回报率等；后者主要包括企业生产率、市场份额、企业生存发展等。杨典（2013）、薛安伟（2017）认为企业绩效通常指企业的经营效益和业绩，衡量方式有多个维度，其中以盈利能力为代表。姚冰湜（2015）认为仅用财务指标来权衡企业绩效不够准确，企业绩效指标应该反映企业的市场价值及企业发展前景，如企业竞争力、企业增长前景等能更全面地反映企业整体状况。贾建峰等（2015）认为采用单一指标衡量企业绩效不够全面，应采用财务绩效、员工生产率、员工满意度作为企业绩效的衡量指标。Ma和Tan（2006）、胡望斌等（2014）研究了创业导向对技术创业团队与新企业绩效关系的调节作用，将新企业绩效的衡量划分为创新水平、成长潜力、盈利水平三个维度。Wagner（2012）对2006年以来研究国际贸易和企业绩效的实证研究进行了调查，企业国际贸易行为分为进口和出口，而企业绩效包含生产率、利润率、工资和企业存活四个维度。

通过对相关文献的梳理与回归，本书采用企业生产率（反映企业的生产能力，企业在市场中的核心竞争力）、企业利润率（财务绩效，代表企业的盈利能力）、企业生存（代表企业的长期发展的绩效指标）三个维度的指标作为衡量企业绩效的标准，主要基于以下四个方面的考虑：

第一，众多研究学者指出采用多维度的绩效指标比单一绩效指标更能综合、全面地权衡企业绩效（刘善仕和刘辉健，2005；贾建峰等，2015）。第二，财务绩效，作为传统的衡量企业绩效指标之一，在企业绩效评价体系中占据非常重要的地位（Delaney 和 Huselid，1996；薛安伟，2017）。而且在微观经济学理论中企业作出任何行为决策首要的目标是利润最大化，企业利润率代表了企业的盈利能力，是本书首选的绩效指标。第三，与传统财务绩效不同，非财务绩效主要反映企业的市场价值及企业长远发展因素，如企业竞争力、企业增长前景等。企业生产率反映了企业的生产能力，体现着企业立足于市场的核心竞争力，而且近几年发展起来的新新贸易理论中的两大基础性核心模型（Melitz 模型和 BEJK 模型）中，企业异质性是指企业生产率不同，此后，关于企业国际贸易行为与其生产绩效的相关研究都是将企业生产率作为衡量企业绩效的核心指标（Wagner，2012），因此，企业生产率是我们进行此类相关研究所必须选择的绩效指标。第四，企业生存代表企业长远发展指标（Wagner，2014）：一方面，企业要想在激烈的市场竞争中维持生存，必须具备基础性的盈利能力；另一方面，企业生产率体现着企业的核心竞争力，企业在市场上的生死存亡在很大程度取决于企业生产率水平。因此，将企业绩效概括为衡量企业生产能力的企业生产率、衡量企业盈利能力的企业利润率以及衡量企业长期生存能力的企业生存三个层次，足以囊括企业的动态发展全过程的影响。

二、进口与企业生产率

因受限于企业进口数据的可得性，自新新贸易理论提出以来，国际经济领域的相关学者侧重在出口与企业生产率的研究而忽视了进口与企业生产率的研究（Bernard 等，2007）。随着越来越多国家的企业层面进口信息的开放，进口与企业生产率的关系日益成为学术界研究的焦点（Behrens

和 Murata，2012；Blaum 等，2013、2014；Halpern 等，2015；Bernard 等，2016）。

（一）进口能否提升企业生产率

国际经济领域的相关学者从微观企业层面对进口与其生产率之间的关系做了实证研究，一些针对小型经济体和发展中国家的实证研究一般支持进口学习效应的观点，他们认为企业进口以后通过学习先进技术及管理经验、扩大多样化产出，提升产品质量等途径可提升自身的生产效率。例如，Amiti 和 Konings（2007）基于 1991~2001 年印度尼西亚企业层面的微观数据对进口与企业生产率的关系做了实证检验，发现中间品进口关税每下降 10%，会促使进口企业生产率提高 20%。Halpern 等（2015）对匈牙利制造业企业数据进行检验，发现 1993~2002 年匈牙利制造业企业 1/4 的生产率增长来自企业投入品的进口。同样地，Kasahara 和 Rodrigue（2008）对智利、Topalova 和 Khandelwal（2011）对印度企业的研究也得到了类似的结论。而 Forlani（2017）基于爱尔兰企业层面的实证研究虽然支持进口学习效应的观点，但是进口学习效应只在生产效率高的企业中存在。

然而也有一些实证研究得出进口不能提升企业生产率的结论。例如，Muendler（2004）对巴西制造业企业的实证研究发现企业投入品进口未能促进其生产效率的提高。Vogel 和 Wagner（2010）针对德国制造业企业的实证研究也未发现进口学习效应的存在，认为进口与企业生产率之间的正向相关关系不是因为进口提升企业生产率，而是因为只有生产率高的企业才选择进口，即进口是企业自我选择效应的结果。还有一些研究发现进口学习效应与自我选择效应可能同时存在（Kasahara 和 Rodrigue，2005；Blaum 等，2014；Bernard 等，2016；康志勇，2016）。Castellani 等（2010）通过对现有相关文献的梳理发现，针对发展中国家及小型经济体的经验研究一般支持进口学习效应的存在；而针对发达国家及大型经济体的经验研究更多的支持了自我选择效应的观点。

(二) 进口影响企业生产率的机制

通过对已有文献的梳理和总结，本书将投入品进口对企业生产率的影响机制概括为产品种类效应、产品质量效应两个方面。关于产品种类效应。Kasahara 和 Lapham（2013）通过对异质性企业模型进行拓展，发现进口投入品种类的增加能提升企业全要素生产率。一方面，由于企业进口的投入品和国内投入品具有不完全替代性，进口投入品种类的增加能够促使企业生产过程中投入品种类的增加，拓展了企业异质性产品的生产与销售，提升了企业生产率（Ethier，1982；Halpern 等，2015）；另一方面，由于国际市场上的竞争相对更加激烈，进口投入品的成本加成相对更低（Bas 和 Strauss–Kahn，2014），国外多样化产品的引进加剧了国内投入品市场上的竞争，迫使国内同类产品降低价格，为企业节约生产成本，企业因此有更充足的资金用于企业生产活动的改善及其产品质量的升级。关于产品质量效应。Kugler 和 Verhoogen（2012）研究指出企业进口高质量的投入品可以提升企业的产品质量及生产率。首先，企业进口的高质量投入品中包含着先进技术，企业通过参与全球专业化分工，从投入品中学习新知识和先进技术，促进企业改善生产活动提高生产效率（Acharya 和 Keller，2009；Bas 和 Strauss–Kahn，2015）。其次，生产高质量的产品需要高质量的投入（Hallak 和 Sivadasan，2013），进口高质量投入品能提升企业自身产品的质量。特别是对于发展中国家来说，进口高质量的投入品是提升企业生产率的有效途径（张杰等，2015）。

(三) 进口来源国是否对企业生产率产生影响

Löof 和 Andersson（2010）利用瑞士制造业企业数据研究了进口与企业生产率的关系，指出并非所有来源国的产品都能提升企业生产率，研究发现瑞士企业从知识密集度更高的 G7 国家进口相比从其他国家进口具有更高的生产率。类似地，Zaclicever 和 Pellandra（2012）的研究发现，进口投入品能通过技术溢出提升乌拉圭企业的生产率，其中从 G7 国家进口产品的技术溢出效应更为显著，而在从其他国家进口产品的促进效应表现得十分有限。钱学锋等（2011）研究了进口产品种类变化对中国制造业行业全要素生产率的影响，将进口产品种类变化对制造业行业全要素生产率的影响效应划分为水平效应和直接竞争效应，并认为进口来源国和行业技术水平造成了两种影响效应作用程度的差异。

三、进口与企业利润率

近二十多年来，有大量的文献用企业层面的微观数据研究了企业不同形式的国际贸易活动（出口、进口、外包、外商直接投资）和各种维度的企业绩效（包括企业规模、企业生产率、工资、创新、企业存活）之间的关系，为数不多的研究关注了企业的国际贸易行为对企业利润率（盈利能力）的影响。例如，Amendolagine 等（2008）利用意大利制造业企业层面的微观数据首次检验了企业出口行为与企业利润率之间的关系，发现企业的出口行为确实能够提高企业的盈利能力，即支持了出口学习效应的存在，但未发现企业的自我选择效应。Fryges 和 Wagner（2010）针对德国制造业企业层面数据深入研究了出口密集度与企业盈利能力之间的关系，虽然发现出口企业的盈利能力比非出口企业强，但是二者相差幅度不大。而 Kox 和 Rojas – Romagosa（2010）使用 OLS 和 Probit 估计方法并采用荷兰制造业和服务业企业层面微观数据考察了出口和企业盈利能力之间的关系，验证了出口企业自我选择效应的存在，研究指出盈利能力强的企业才会选择出口，却未发现出口学习效应。Vogel 和 Wagner（2010）利用 2003 ~ 2005 年德国服务业企业层面微观数据发现出口企业要比非出口企业利润率更低，但是出口与企业利润率的相关系数未通过显著性检验。Grazzi（2012）比较了 1989 ~ 2004 年意大利制造业企业中出口和非出口企业之间盈利能力的差异，研究发现，总体上，出口企业与非出口企业之间盈利能力的差异不显著，但是通过细分行业进一步研究发现，出口与企业利润率之间的关系受到行业异质性的影响，在一部分行业中二者之间存在显著的正相关关系，另一部分行业中二者存在显著的负相关关系。苏振东、洪玉娟（2013）采用随机占优理论和广义倾向指数匹配方法考察中国制造业出口企业中自我选择效应与出口学习效应的存在性，发现出口企业比非出口企业利润率更低，而且随着出口密集度的提高，企业利润率逐渐降低。

值得注意的是，上述这些研究都只关注出口和盈利能力之间的联系，而关注进口贸易与企业盈利能力的研究少见。Wagner（2012）最早开展关于企业进口与其盈利能力之间关系的研究，发现无论是描述性统计还是回归分析，进口对利润的影响没有任何显著的经济意义上的影响。但Wagner（2012）仅关注了进口状态（是否是进口企业）与企业利润率的关系，未考虑进口产品数量及进口产品来源国数量即进口的广延边际对企业利润率的影响。在此基础上，Wagner（2014）利用德国制造业企业数据从进口产品数量和进口来源国数量两方面研究了进口的广延边际与企业利润的关系，发现虽然进口产品数量和进口来源国数量都与企业生产率呈正相关关系，但是进口产品数量的增加及进口来源国数目的增加并未给企业带来更多的利润，他认为出现这一结果的原因是进口企业的生产率优势被企业因进口行为发生的固定成本所吞噬。

利润率体现了企业的盈利能力，是衡量企业绩效的重要指标之一。但是学术界对企业绩效的相关研究侧重在对企业生产能力即企业生产率的研究，如近年发展起来的异质性企业贸易理论，在该理论中的两大基础性核心模型（Melitz模型和BEJK模型）中，生产率都是衡量企业绩效的核心指标，企业异质性是指企业生产率不同，随后企业生产率和企业进出口的关系也成为该领域经验研究的重点，而忽视了对企业盈利能力的研究。然而随着这一领域研究的日益深入，学界逐渐认识到无论从理论研究还是实证研究角度，使用企业利润率来衡量企业绩效并进而对企业国际贸易活动与企业绩效之间的潜在关系进行深入考察也至关重要。利润率体现了企业的盈利能力，是衡量企业绩效的重要指标之一，对企业绩效的相关研究不能忽略对企业盈利能力的考察，这是出于以下几个方面的考虑：

首先，企业做出任何行为决策的首要目标是利润最大化。作为企业盈利能力的代表，利润率是企业绩效的基础和核心，而企业的盈利能力更是企业开展各项国际化经营策略的基础。企业在激烈的市场竞争中得以持续经营的基本条件有两个：一是能够收支相抵；二是能够到期偿付。这两个基本条件都需要企业具备最基础性的盈利能力。绩效好的企业不仅要满足上述两个基本条件，而且要依靠自身的核心能力获得超额的丰厚投资收益，即强大的盈利能力是企业生存发展的基础。企业盈利能力不仅体现出企业经营绩效的高低，而且从侧面反映出企业对社会贡献的大小。

其次，企业生产率仅仅体现了企业内部的生产能力，而企业利润率衡量的是企业盈利能力，两者从不同方面体现着企业的生产经营能力，都是衡量企业绩效的重要指标之一。尽管两者之间存在着显著的正相关关系，但是生产率不能完全替代利润率。如果忽略了对利润率的研究，会将现实中企业复杂的利润形成机制简化成生产率到利润率的一一对应关系，难以准确把握企业的进口行为与企业绩效之间的潜在关系。

再次，进口企业比非进口企业更具有生产率优势并不代表进口企业比非进口企业有利润率优势。参与国际贸易的企业必须要付出一定的额外成本（Wanger，2012），如进口企业需要付出一定的沉没成本——在签订进口协议之前需要搜索国外供应商、检查商品、制定合同、学习海关的程序等。因此，只有当生产率优势所获得的收益大于因开展进口贸易所付出的额外成本时，企业才可能开展进口贸易。这就是生产率高的企业会选择进口（进口企业的自我选择效应）的主要原因。进口企业比非进口企业更具有生产率优势并不代表进出口企业比非进出口企业有利润率优势。而且，在微观经济学上，企业都是以利润最大化为企业的核心目标而非生产率最大化，因此，研究进口对企业利润率的影响比研究进口对企业生产率的影响从理论观点出发更合适。

最后，在经验分析研究中，大多数国家和地区的企业数据库很难获取产品层面的价格数据，导致相关研究在计算企业全要素生产率（TFP）时不得不用产品产值来衡量企业的产出水平。因此，行业内部企业间的产品价格差异就被包含在企业的全要素生产率的度量中，致使所得到的企业全要素生产率不能消除产品质量或企业市场势力（通常隐含在产品价格中）这些因素的影响，很难准确度量出企业实际的技术生产效率（苏振东和洪玉娟，2013）。而基于以上方法得出的企业生产率的相关研究所得出的实证结论的准确性也有待进一步商榷（Katayama 等，2003）。

四、进口与企业生存

企业生存代表着企业长期发展绩效指标。令人遗憾的是，学术界关于微观企业进口行为的研究多侧重在对企业短期绩效（其中以企业生产率为核心）的影响，而忽视了企业进口行为对企业生存即对企业长期发展的影响。企业发展不仅关系到企业经营者及工人的切身利益，从宏观上看还关系到国民收入、就业水平及社会稳定，对经济增长的贡献是不言而喻的。企业生存代表着企业绩效的长期发展指标。如何提高企业生存概率的稳固企业生存发展，不仅是企业经营者首要面对的问题，也是政界及学术界都高度重视的话题。随着世界经济一体化进程的加深，我国企业不断融入国际市场，贸易活动日趋活跃，为企业生存发展带来机遇的同时也有一定冲击，特别是目前中国国内经济随着全球经济低速增长进入新常态发展阶段，中国企业生存压力加大。因此，对进口与企业生存的研究具有非常重要的现实意义。

生存分析最早被广泛应用于生物医学研究中，随着应用领域的不断扩展，逐渐被经济学家应用于经济领域。Jovanovic（1982）最早将生存分析模型引入企业生产领域，发现企业规模及年龄相对大的企业生存风险相对更低。随后各国学者纷纷从不同角度利用生存模型对影响企业生存的众多因素展开了研究。例如，Audretsch（1995）、Kimura 和 Fujii（2003）、Coad 等（2016）认为研发活动能够提高企业存活概率；Görg 和 Strobl（2004）、Esteve – Pérez 和 Mañez – Castillejo（2008）、Wanger（2012）、Ferragina 和 Mazzotta（2014）研究了企业所有制对企业生存的影响，发现相对于内资企业，外资企业所面临的生存风险更大；Stucki（2014）、Görg 和 Spaliara（2014）探究了融资约束对企业生存的影响；Toraganl 和 Yazgan（2016）研究了汇率变动对企业生存的影响，指出实际汇率的变动降低了制造业企业的存活率。

近年来，越来越多的学者将企业生存引入到国际贸易领域，但是多关注企业的出口行为对企业生存的影响，而对企业进口行为影响的研究相对匮乏。例如，Bernard 和 Jensen（2007）对美国、Esteve – Pérez 等（2008）对西班牙、Greenaway 等（2009）对瑞典、Amendola 等（2010）对意大利、Baldwin 和 Yan（2011）对加拿大及 Görg 和 Spaliara（2014）对英国的研究都发现，企业的出口行为能够显著地降低企业退出市场的风险，提高企业的生存率。于娇等（2015）利用中国企业数据研究发现，总体上企业出口行为有助于降低企业退出市场的风险，延续企业生存，但是过度出口也会对企业生存状况产生负面影响。Namini 等（2013）对智利的研究却发现，虽然出口在一定程度上降低企业退出市场的风险，延续企业生存，但是随着出口范围的扩大及企业生存概率降低，中间品进口能够显著提高企业的生存概率。López（2006）认为出口企业只有在同时进口中间投入品时，才能提高企业生存概率，出口活动本身并不能降低企业退出市场的风险。López（2006）的研究凸显了企业进口行为的重要性。接着，Gibson 和 Graciano（2011）针对智利的研究也发现相比非进口企业，进口企业退出市场的风险更低。由此可见，如果忽略了进口对企业生存的影响，可能会造成企业出口行为与其生存之间关系的研究中出口对企业生存作用的高估。

五、文献综述评述

通过对进口与企业绩效相关文献的梳理，我们发现现有研究存在以下几点不足：

第一，国外相关研究多是通过关税分析进口对生产率的影响（Amiti 和 Konings，2007；Halpern 等，2015），而不是直接研究企业具体投入品进口对企业生产率的影响，衡量指标过于笼统，忽视企业异质性及进口产品异质性，尤其是忽略了非关税壁垒的影响（因为目前很多贸易保护是通过非关税壁垒而不是通过关税来实现的），因此，通过关税来分析进口不如直接采用企业具体进口信息准确。从国内相关研究来看：一方面，多数研究利用行业层面数据分析进口对企业生产率的影响，未将相关研究深入到微观企业层面，而且更多关注于中间品进口对生产率的影响，如钱学锋等（2011）考察了进口产品种类变化对中国制造业行业全要素生产率的影响；张翊等（2015）使用中国制造业行业数据对中间品进口影响中国全要素生产率的机制进行了检验。另一方面，部分相关研究虽采用微观企业层面的数据对进口与企业生产率作了研究，但是重点关注企业所处地区差异（陈勇兵等，2012）、企业自身异质性（张杰等，2015）、所处行业异质性（余淼杰等，2015）的差异化影响，鲜有研究考虑到进口产品异质性（包括进口产品来源国及产品类型）的影响，而且中间产品包含很多种类，具体可以细分为初级中间品、加工型中间品、零部件三类，至今相关研究仍未考虑到企业进口结构问题。此外，现有研究要么研究进口产品种类（或进口来源地结构）对企业生产率的影响（魏浩等，2017），要么研究进口产品质量对企业生产率的影响（郑亚莉等，2017；陈梅和周申，2017）。缺乏进口影响企业生产率的综合传导机制检验及机制间的比较。

第二，利润率体现了企业的盈利能力，是衡量企业绩效的非常重要的指标之一。但是进口与企业绩效的相关研究大多以企业生产率作为衡量企业绩效的核心指标，关于进口与企业盈利能力关系的理论研究或实证研究还很鲜少。进口企业比非进口企业更具有生产率优势并不代表进口企业比非进口企业有利润率优势。而且，微观经济学理论及现实经济中，企业作出任何生产经营决策都是以利润最大化为其核心目标而非生产率最大化。进口能否提升企业的盈利能力是决定企业内生选择进口的重要因素，从一般意义上来讲，企业的盈利能力是企业存活的基础。因此，进口对企业利润率的影响值得我们关注且应更为深入地研究。

第三，以往研究并未充分重视到进口对企业生存的影响，仅有 López（2006）、Gibson 和 Graciano（2011）、Namini 等（2013）、Wagner（2012）、许家云和毛其淋（2016）认为，进口贸易可以通过生产成本优势及进口投入品多样化优势等途径延长企业生存期限。现有研究对进口影响企业生存的机制分析不够全面，而且缺乏具体传导机制的检验。此外，由于企业在生产率水平、人力资本水平、企业规模等方面均存在明显差异；且企业进口的产品因产品类型、产品来源国的不同，产品中包含的技术含量、产品质量等方面存在显著差异，那么，进口对企业生存的影响效应是否受企业异质性及产品异质性的影响？迄今为止，鲜有学者对上述问题给予解答。

第三章
中国进口贸易及进口企业发展现状

近年来,中国政府坚持进口与出口并重,加快实施积极的进口政策。自国际金融危机爆发以来,中国的进口额增加了5815亿美元,占世界贸易增量的将近20%,成为全球贸易复苏的重要拉动力量。据世界贸易组织(WTO)2017年公布的2016年全球贸易统计报告显示,2016年,全球货物贸易出口额为15.5万亿美元,进口额为15.8万亿美元;而中国的出口额为2.1万亿美元,占全球份额的13.2%,进口额为1.6万亿美元,占全球份额的10.1%。中国已连续8年保持全球第一货物贸易出口国和第二大进口国地位。这充分显示出在全球需求低迷的环境下,中国作为负责任的世界贸易大国,在积极扩大国内、国外市场,稳定国际商品市场做出了应有的贡献。中国于2018年11月5~10日在上海举办中国国际进口博览会也是希望通过扩大进口、扩大对外开放,让世界各国共享中国的市场。预计未来5年,中国将进口超过10万亿美元的商品和服务。对中国进口贸易的详细研究不仅可以深入了解中国贸易发展模式,还可以从经验研究角度丰富贸易理论的特征事实及前沿结果。

第三章　中国进口贸易及进口企业发展现状

一、中国总体进口贸易发展现状

改革开放以来，中国实行的是出口导向型对外贸易政策，进口处于"为出口而进口"的从属地位。中国多年的出口贸易导向型政策促使中国出口贸易取得骄人的成绩，但是中国巨大的对外贸易顺差也遭受了很多国家的嫉妒与指责，致使中国经常受到国际贸易的制裁。因此促进中国对外贸易平衡发展非常重要。近年来，中国政府也逐渐意识到发展进口贸易对一国经济发展的重要性，提出了一系列"促进口"政策，如2012年的《国务院关于加强进口促进对外贸易平衡发展的指导意见》及《对外贸易发展"十二五"规划》、2013年的《国务院办公厅关于促进进出口稳增长、调结构的若干意见》、2014年的《国务院办公厅关于加强进口的若干意见》、2015年的《国务院办公厅关于促进进出口稳定增长的若干意见》、2016年的《国家"十三五"规划纲要》等（魏浩，2016）。财政部表示，2018年进口关税调整将继续支持创新驱动发展和供给侧结构性改革，鼓励国内亟需的先进设备、关键零部件和能源原材料进口，以进口暂定税率方式降低数字化X射线摄影系统平板探测器、多臂机或提花机、动力电池正极材料、先进医药原料、椰糠等商品的进口关税；并适当扩大汽车进口模具暂定税率的适用范围。而且，为促进"一带一路"和自由贸易区建设，中国将对原产于26个国家或地区的部分进口商品实施协定税率，其中2018年新实施的有中国与格鲁吉亚自贸协定，进一步降税的有中国与东盟、巴基斯坦、韩国、冰岛、瑞士、哥斯达黎加、秘鲁、澳大利亚、新西兰自贸协定；继续实施的有中国与新加坡、智利的自贸协定以及亚太贸易协定第三轮关税减让安排；我国内地分别与港澳地区的更紧密经贸安排（CEPA）将适当扩大实施零关税的商品范围，继续实施海峡两岸经济合作框架协议（ECFA）。

中国已于2017年7月1日对部分信息技术产品的最惠国税率实施了第二次降税，这一措施在2018年上半年继续实施，并于2018年7月1日启动第三次降税，同时对部分信息技术产品的进口暂定税率作相应调整。2018年，中国还将继续执行APEC环境产品降税承诺，并继续给予有关最不发达国家零关税待遇。如今，扩大进口贸易、优化进口结构已经成为中国的一项新的国家战略和重要的国家经济政策。并且中国政府承诺将进一步营造法治化、国际化、便利化、公平竞争的营商环境，促进对外贸易持续、健康、平衡的发展，推动中国实现由贸易大国向贸易强国的转变。

（一）中国进口贸易总体情况

自中国加入WTO以后，随着贸易全球化进程的推进及中国进口关税的不断降低，中国进口贸易发展非常迅速，对中国经济的快速增长及产业经济结构转型做出突出贡献。但自2008年金融危机爆发以来，世界经济增速放缓，全球需求显著下降，中国的进出口贸易的增长速度也深受影响，国内经济进入新常态发展阶段。由图3.1可知，自2000年以来，虽然中国的出口贸易和进口贸易总额整体呈逐年递增趋势，但是出口及进口同期增长率受2008年金融危机的影响较严重，自2008年金融危机之后呈现下降趋势。其中中国的进口同期增长率为负值的分别是：2009年的-11.2%，2015年的-14.1%，2016年的-5.5%。此外，我们还发现中国的进口增长率和出口增产率增长趋势非常一致，这可能是中国存在大量的两头在外的加工贸易导致的，很多企业是为出口而进口。

（二）中国进口贸易结构情况

国际贸易的商品按照附加值高低可以分为初级产品和工业制成品。初级产品虽然产品附加值低，在国际市场上不具备竞争优势，但是对初级产品的进口可以弥补国内生产要素不足的劣势。图3.2为中国2003~2016年中国进口商品结构，如果将产品划分为初级产品和工业制成品两大类，

第三章 中国进口贸易及进口企业发展现状

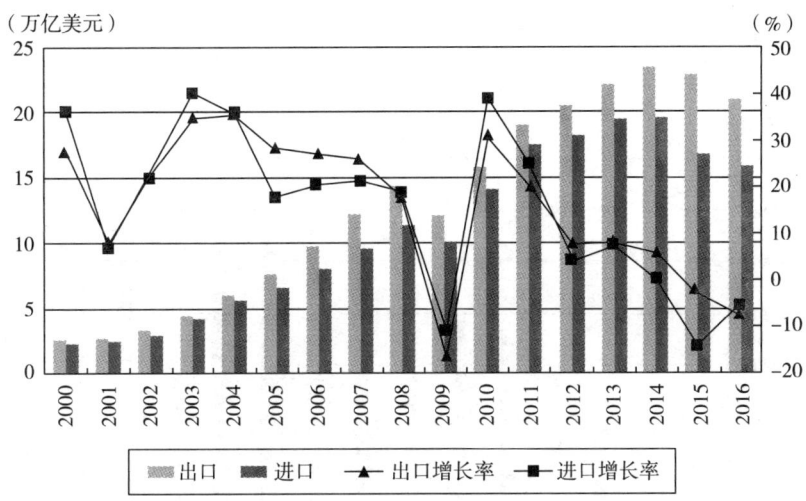

图 3.1　2000～2016 年中国进出口贸易总体情况

资料来源：国务院发展研究中心信息网。

可以看到，2003～2016 年，进口商品中工业制成品的比重明显大于初级产品的比重，但是中国对工业制成品的进口比例处于下降趋势，而对初级产品的进口比例整体处于上升趋势。据中国商务部于 2016 年发布的《中国对外贸易发展报告》显示：2016 年，主要大宗商品进口量保持增长，其中，原油、铁矿石、钢材、铜的进口量分别增长了 13.6%、7.5%、3.4% 和 2.9%。因为国际市场价格低迷，大多数商品的进口价格持续下降。其中，铁矿石、原油、成品油、铜和钢材的进口价格分别下降了 0.5%、18.6%、10.8%、6% 和 5.5%。因进口价格持续下跌，中国对原油、铁矿石、铜精矿等 10 类大宗商品的进口减少付汇约 4100 亿元，这将有助于企业降低生产成本，增加经营收益。

中国进口的工业制成品按国际贸易标准细分可以分为化工产品、轻纺橡胶矿冶及相关制成品、机械及运输设备、杂项制品和其他未分类产品。从图 3.3 中可以看出，在 2003～2016 年中国进口的工业制成品中，机械及运输设备的进口占比最高，其每年占比都在 55% 以上，远远大于对其他产品的进口比重；而对化工产品、轻纺橡胶矿冶及相关制成品、杂项制品三类产品的进口量基本相当，2003～2016年平均进口占比分别为14.97%、13.89%、11.40%。

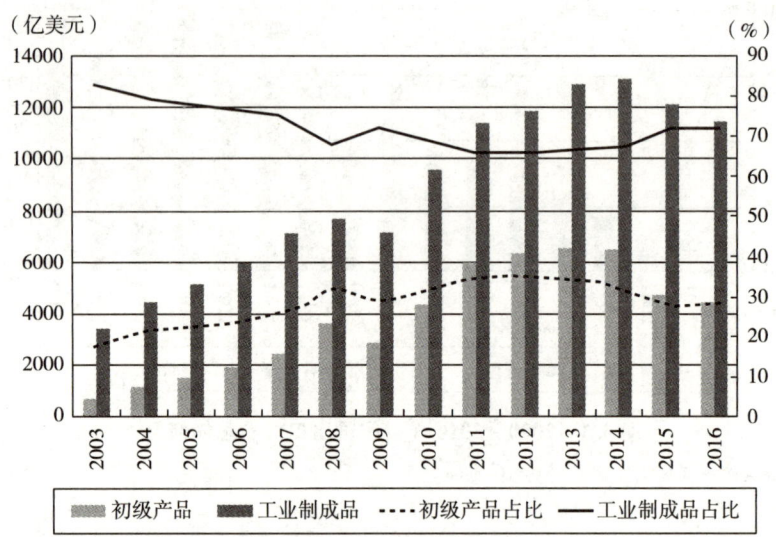

图3.2 2003～2016年中国进口商品结构

资料来源：国务院发展研究中心信息网。

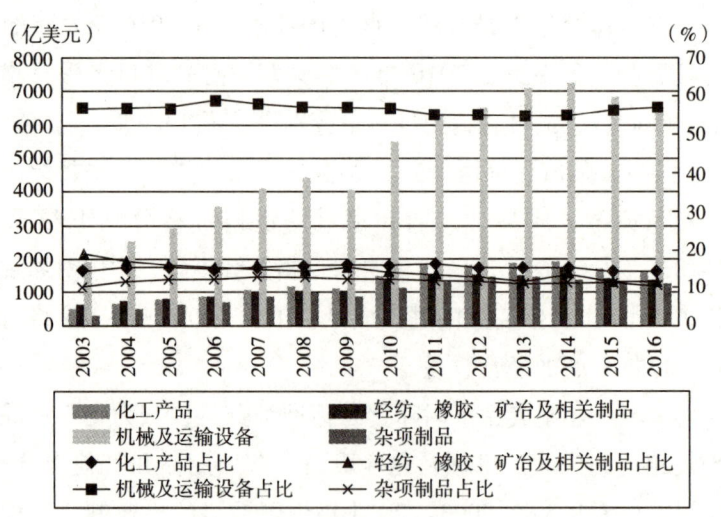

图3.3 2003～2016年中国工业制成品进口结构（1）

资料来源：国务院发展研究中心信息网。

近年来，中国机械工业发展迅速，出口贸易连年上涨，据《科技日报》2017年11月1日报道，2017年前8个月，中国机械工业实现利润1.14万亿元，比上年同期增长14.12%；在进出口方面，2016年机械工业进口额2727亿美元、出口额3748亿美元，顺差1021亿美元。然而中国在高端装备上几乎100%需要进口[①]。从航母到高铁、从汽车到摩托，几乎所有的高端螺栓都需要进口。而这也是中国制造业普遍的现状，大量出口低端产品，同时大量进口高端产品。这是因为中国虽然建立了大而全的工业体系，但是产品体系、质量不健全，在专业领域研究不深、积累不够，制造能力较弱，部分高端领域与发达国家差距较大。

如果将工业制成品按照要素密集度划分可以分为两类，化工产品和机械及运输设备属于资本及技术密集型产品，而轻纺橡胶矿冶及相关制成品，杂项制品和其他未分类产品可以归为劳动及资源密集型产品。工业制成品的进口商品结构的变化主要体现在资本及技术密集型产品和劳动及资源密集型产品所占进口比重的变化上（见图3.4）。2003～2016年，中国工业制成品的进口商品结构未发生显著变化，以资本及技术密集型产品为主，对其每年进口占比一直在70%以上，而对劳动及资源密集型产品的进口比重仅占到28%左右。比较优势理论认为，国际贸易的基础是生产技术的相对差别（而非绝对差别）以及由此产生的相对成本的差别。每个国家都应根据"两利相权取其重，两弊相权取其轻"的原则，集中生产并出口其具有比较优势的产品，进口其具有比较劣势的产品。这从一个侧面反映出中国可能在生产劳动及资源密集型产品上存在优势，而在生产资本及技术密集型产品上处于劣势。说明中国一直非常重视对高科技产品的进口，通过技术溢出途径来提升中国全要素生产率，带动中国整体经济发展。

---

① http：//mil.news.sina.com.cn/china/2017-11-01/doc-ifynhhaz0764426.shtml.

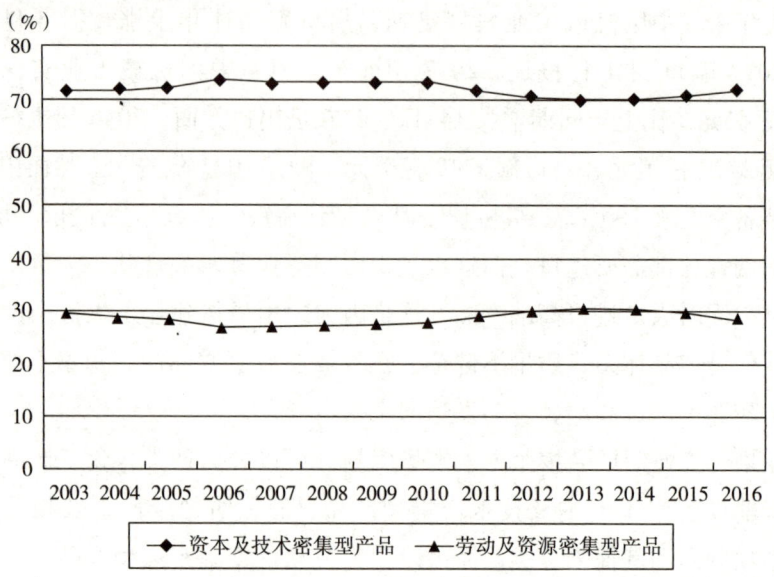

图 3.4　2003~2016 年中国工业制成品进口结构 (2)
资料来源：国务院发展研究中心信息网。

（三）中国进口贸易主要来源地分布

自加入世界贸易组织（WTO）以后，在世界经济一体化的大背景及中国扩大进口对外贸易政策的推动下，中国进口贸易取得飞速发展。目前，中国已经成为全球第二大进口国，仅次于美国，与世界上主要国家（地区）建立广泛的贸易合作关系。图 3.5 给出了 2016 年中国进口市场结构，可见中国对亚洲国家的进口占据总进口量的半壁江山，进口占比为 56%；其次是对欧洲国家的进口，进口占比为 20%；对北美洲的进口占到 12%；对非洲及拉丁美洲的进口量很少。这说明中国的主要进口贸易伙伴国来自亚洲、欧洲及包含加拿大和美国在内的北美洲。

图 3.6 给出了 2016 年中国进口量前 20 位的国家，中国从这些国家的总进口量占到中国 2016 年总体进口量的 72.44%，进口量排前五位的国家（地区）依次是韩国、日本、中国台湾、美国及德国，贸易占比分别为

10.07%、9.44%、8.81%、8.18%及5.42%。据中国海关总署《2016年进出口统计》资料显示，2016年中国从韩国进口的货物总额达1589亿美元，韩国连续四年成为中国最大进口来源国。2009年以来，韩国在中国进口市场份额一直保持在10%左右，2013年取代日本成为中国最大进口来源国。

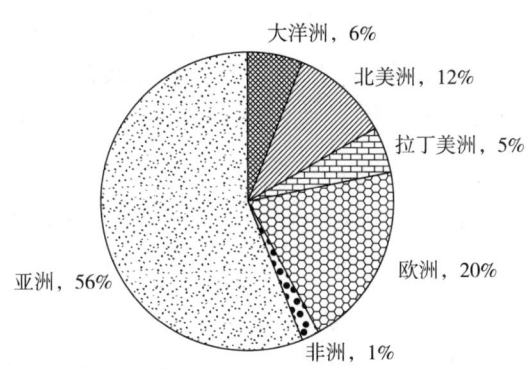

图 3.5　2016 年中国进口市场结构

资料来源：国务院发展研究中心信息网。

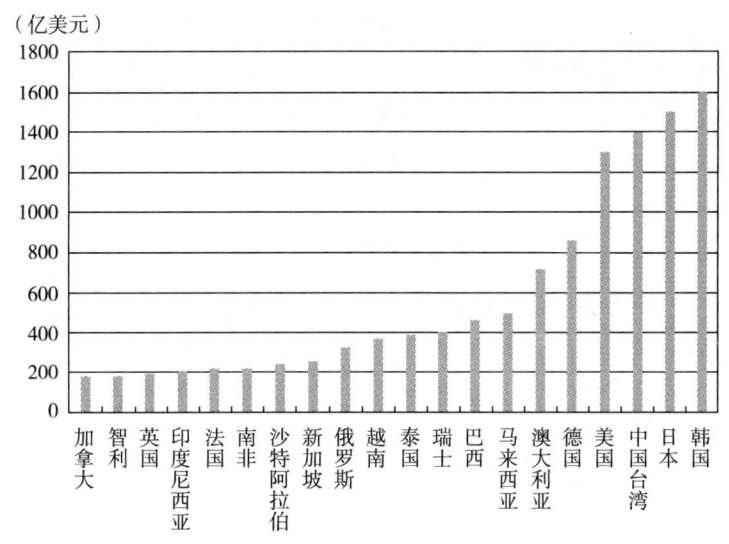

图 3.6　2016 年中国进口量前 20 位的国家（地区）

资料来源：国务院发展研究中心信息网。

（四）不同贸易方式的进口现状

根据参与贸易方式的不同，可以将企业划分为一般贸易企业和加工贸易企业两类。加工贸易在中国贸易中占据非常高的比重，尤其是中国的出口贸易。与一般贸易相比，加工贸易具有"两头在外"的特点，企业从国外市场进口零配件当作中间投入品，经过国内加工、组装后再将最终产品出口到国际市场。加工贸易的进口量与出口量之间存在高度相关性，且在生产技术、产品定价等方面均表现出一些特殊性。一般情况下，在加工贸易出口量增加时，加工贸易的进口量就相应的增加，加工贸易在中国对外开放发展初期占主要地位，然而随着对外发展程度不断加深，中国学界及政界逐渐意识到加工贸易的种种弱点。近年来，中国政府对贸易方式进行了调整和引导，重在发展一般贸易。从表3.1可见，包含来料加工转配贸易、进料加工贸易、加工贸易进口设备及出料加工在内的加工贸易的进口占比呈现逐渐下降趋势，从2003年的39.80%下降到2016年的25.04%；而一般贸易进口占比呈现上升趋势，2003年进口占比为45.72%，2016年进口占比达到56.63%。图3.7更加直观地展现了2003~2016年进口贸易的两种贸易方式变化趋势。产生这一变化的原因一方面可能是全球经济低速增长，需求显著下降，中国出口受挫，为出口而进口的加工贸易受阻导致的；另一方面与中国政府为调整贸易方式实施的相关贸易引导政策有关。

表3.1　2003~2016年进口商品贸易方式总值　　单位：亿元，%

年份	贸易方式 数值	年度贸易总量 金额	一般贸易 金额（占比）	加工贸易			
				来料加工装配 金额（占比）	进来加工 金额（占比）	加工贸易进口设备 金额（占比）	出料加工 金额（占比）
2003		370589	169433 (45.72)	35385 (9.55)	110311 (29.77)	1766 (0.48)	21 (0.006)

续表

贸易方式 / 年份	年度贸易总量 金额	一般贸易 金额（占比）	加工贸易			
			来料加工装配 金额（占比）	进来加工 金额（占比）	加工贸易进口设备 金额（占比）	出料加工 金额（占比）
2004	561423	248227 (44.21)	53721 (9.57)	168020 (29.93)	2603 (0.46)	24 (0.004)
2005	660119	279719 (42.37)	67029 (10.15)	206997 (31.36)	2862 (0.43)	33 (0.005)
2006	791614	333181 (42.09)	73834 (9.33)	247662 (31.29)	2817 (0.36)	33 (0.004)
2007	955818	428648 (44.85)	89165 (9.33)	279228 (29.21)	3277 (0.34)	39 (0.004)
2008	1133086	572677 (50.54)	90162 (7.96)	288242 (25.44)	2859 (0.25)	160 (0.014)
2009	1005555	533872 (53.09)	75993 (7.56)	246345 (24.50)	953 (0.09)	77 (0.008)
2010	1394829	767978 (55.06)	99295 (7.12)	318134 (22.81)	1212 (0.09)	126 (0.009)
2011	1743458	1007464 (57.79)	93635 (5.37)	376161 (21.58)	885 (0.05)	73 (0.004)
2012	1817826	1021819 (56.21)	84459 (4.65)	396710 (21.82)	911 (0.05)	236 (0.013)
2013	1950289	1109718 (56.90)	87543 (4.49)	409447 (20.99)	969 (0.05)	252 (0.013)
2014	1960290	1109513 (56.60)	97537 (4.98)	426844 (21.77)	687 (0.04)	307 (0.016)
2015	1681951	923188 (54.89)	91569 (5.44)	355434 (21.13)	635 (0.04)	300 (0.018)
2016	1587419	899013 (56.63)	85261 (5.37)	311432 (19.62)	463 (0.03)	265 (0.017)

资料来源：国务院发展研究中心信息网。

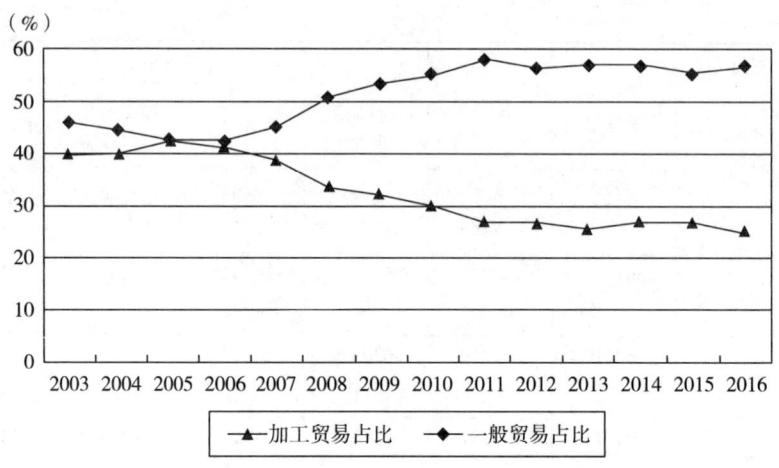

图 3.7　2003~2016 年按贸易方式分进口情况

资料来源：国务院发展研究中心信息网。

（五）不同所有制性质企业的进口现状

企业所有制性质是中国企业非常重要的异质性特征。国有企业同时具有营利法人和公益法人的特点，一般会受到政府的长期支持，占有相对较多的物质及市场资源，缺乏市场竞争力和创新能力。私营企业虽不占资源优势，但是机制灵活、市场应变能力强。外资企业熟悉国际市场、信息资源丰富，技术水平相对较高。据国务院发展研究中心信息网发布的统计数据，按企业性质，中国的进口企业可以分为国有企业、外资企业（包括中外合作、中外合资及外商独资企业）及其他企业（主要包括集体企业和私营企业）。表 3.2 给出了 2003~2016 年这些企业的进口总价值及进口占比，表 3.2 中的数据反映出中国不同类型企业的进口特征呈现显著差异：包含中外合作、中外合资及外商独资企业在内的外资企业在中国进口贸易中占据主导地位，但是近年来外资企业的进口占比有明显的下降趋势。2003 年外资企业进口占比为 55.88%，2003~2010 年外资企业进口占比都在 50% 以上，2010 年之后外资企业的进口占比跌破 50%，2013 年外资企

第三章　中国进口贸易及进口企业发展现状

表 3.2　2003~2016 年进口商品企业性质总值

年份	合计（百万美元）	国有企业 金额（百万美元）	国有企业 占比（%）	中外合作 金额（百万美元）	中外合作 占比（%）	中外合资 金额（百万美元）	中外合资 占比（%）	外商独资 金额（百万美元）	外商独资 占比（%）	集体/私营企业 金额（百万美元）	集体/私营企业 占比（%）	其他 金额（百万美元）	其他 占比（%）
2003	370589	129198	34.86	8983	2.42	72518	19.57	125599	33.89	11962	3.23	22329	6.03
2004	561423	176453	31.43	10727	1.91	109204	19.45	204637	36.45	17716	3.16	42685	7.60
2005	660119	197203	29.87	9589	1.45	118379	17.93	259545	39.32	20515	3.11	54887	8.31
2006	791614	225240	28.45	9929	1.25	135644	17.14	327043	41.31	19959	2.52	73799	9.32
2007	955818	269717	28.22	8832	0.92	154924	16.21	395652	41.39	23174	2.42	103519	10.83
2008	1133086	353810	31.23	8806	0.78	181780	16.04	429369	37.89	28877	2.55	130443	11.51
2009	1005555	288467	28.69	6644	0.66	158626	15.77	379937	37.78	26525	2.64	145356	14.46
2010	1394829	387553	27.79	7379	0.53	209454	15.02	521166	37.36	34940	2.50	234336	16.80
2011	1743458	493403	28.30	8568	0.49	256076	14.69	600182	34.42	40747	2.34	344483	19.76
2012	1817826	495423	27.25	8228	0.45	274753	15.11	588268	32.36	35316	1.94	41584	2.29
2013	1950289	498986	25.59	8285	0.42	284241	14.57	582294	29.86	436761	22.39	139720	7.16
2014	1960290	491054	25.05	8652	0.44	285793	14.58	614866	31.37	447531	22.83	112395	5.73
2015	1681951	407835	24.25	6230	0.37	246088	14.63	577570	34.34	411608	24.47	32620	1.94
2016	1587419	360820	22.73	4286	0.27	223760	14.10	542418	34.17	417945	26.33	37541	2.36

注：第7列2003~2012年汇报的是集体企业进口占比，而2013~2016年汇报的是私营企业进口占比。

资料来源：国务院发展研究中心信息网。

业的进口占比最低,为44.85%。在中国经济对外开放之初,国有企业的进口占有相当大的比例(如2003年,国有企业进口占比为34.86%),但是国有企业进口占比也呈现逐年下降趋势。2003~2016年,集体企业、私营企业及其他企业的进口占比呈现显著上升趋势,尤其是2008年之后,进口占比增长幅度较大,2016年私营企业进口占比达到26.33%。

图3.8更为直观地展现了2003~2016年各类企业的进口占比变化趋势,国有企业及外资企业的进口占比有下降趋势,而包含以集体企业、私营企业为主的其他企业的进口占比呈现明显快速地上升趋势。据海关统计数据显示,2016年前5个月,我国进出口总值为9.16万亿元。其中私营企业进出口3.56万亿元,增长6.9%,占中国外贸总值的38.8%,较2015年同期提升3.6个百分点。因为私营企业机制灵活,而且数量不断增加,创新能力不断提高。近年来,以华为、海尔、TCL等为代表的私营企业国际竞争力不断增强,私营企业正逐步成为中国参与对外贸易的主力军。

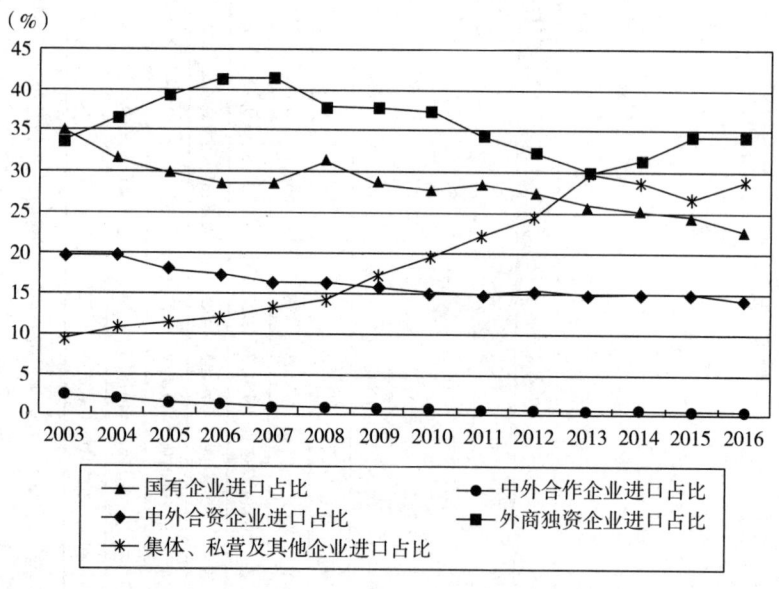

图3.8　2003~2016年按企业类型分的进口情况

资料来源:国务院发展研究中心信息网。

二、中国进口企业的现状分析

中国自加入 WTO 以来,进口关税不断降低,中国企业借此机遇不断融入国际市场,并快速成长;同时,外资及国外高质量、高技术产品不断流入给本土企业发展带来机遇,也带来更激烈的竞争和挑战,迫使中国企业不断的更新产品、增强自身管理能力、创新能力及其他方面的能力,以应对来自国际市场上的竞争压力,从整体上促进了中国企业产品升级和技术升级。随着全球经济的低速增长,中国经济进入新常态发展阶段,出口贸易受阻,国内企业生存压力加大,中国企业正处于生产效率改进及产品质量升级的关键阶段。因此,在当前全球经济低迷增长的新形势下,企业通过进口可能会提高企业生产效率,并为中国产品质量升级及产业结构转型实现供给侧改革提供新动力。

(一) 中国规模以上进口企业情况

中国海关进出口数据库详细记录着企业每年进出口报关数据,每一条进口记录提供了最原始、最准确的企业代码、名称、进口数量、进口金额、贸易方式、企业类型等进口信息,为我们分析中国进口企业的基本状况提供依据。本书实证分析样本数据采用的是 2000~2013 年中国工业企业数据库和海关数据库合并数据,对中国规模以上的工业企业的进口现状作了统计,如图 3.9 所示。2000 年中国的进口企业 18281 家,历经 14 年后于 2013 年发展到 41910 家,扩展了 2.30 倍,年平均增长速度为 4%。图 3.9 也显示了 2000~2013 年中国进口企业占比,其中,中国规模以上工业企业中进口企业占比呈现稳步缓慢上升趋势 (2000 年进口企业占比为 11.6%,2013 年为 12.2%),我国规模以上工业企业进口企业占比较小;

而新进口企业占总体进口企业的比重较大（平均占比为33.5%），且每年变动较大，说明进口企业进出国际市场比较频繁。

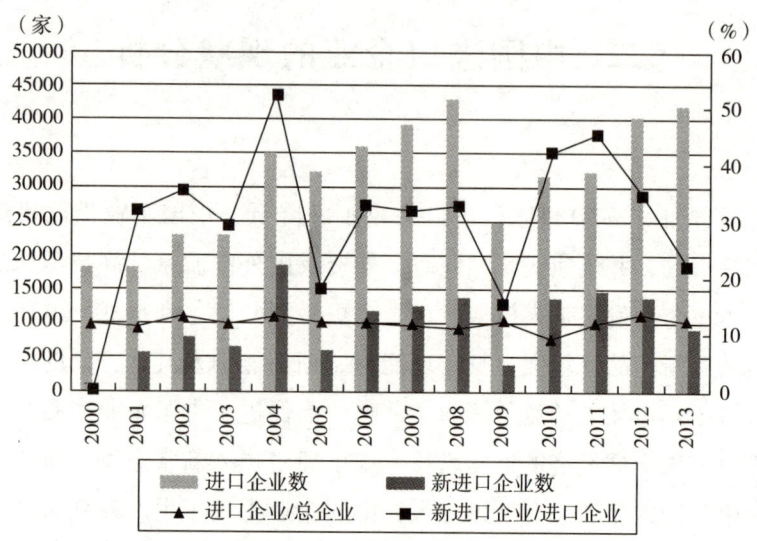

图3.9　2000~2013年中国进口企业数及占比

资料来源：根据中国海关进出口数据整理而得。

表3.3是按企业类型划分所对应的从事进口贸易企业数，从企业类型角度来看，2000~2013年从事进口贸易的国有企业的比重在逐渐下降，在2000年为9.04%，而到2013年仅为0.71%；与此形成鲜明对比的是参与进口贸易的私营企业的比重却在不断上升，2000年的私营企业占比仅为2.08%，而到2013年私营企业占比高达20.71%，14年间扩增了10倍；外资企业一直是开展进口贸易的主力军，但是外资企业在中国进口企业中所占比重不断下降，2000~2005年，外资企业占比一直在80%以上，2006~2010年占比在70%以上，而从2011年起开始跌破70%。

表3.3　2000~2013年按企业类型分进口企业数及占比

年份	总企业	国有集体企业		私营企业		外资企业	
	数量（家）	数量（家）	占比（%）	数量（家）	占比（%）	数量（家）	占比（%）
2000	18281	1653	9.04	381	2.08	15113	82.67
2001	18290	1118	6.11	474	2.59	15423	84.32

续表

年份	总企业 数量（家）	国有集体企业 数量（家）	占比（％）	私营企业 数量（家）	占比（％）	外资企业 数量（家）	占比（％）
2002	22852	1269	5.55	1165	5.10	18360	80.34
2003	22983	859	3.74	1621	7.05	18483	80.42
2004	35074	738	2.10	3112	8.87	28229	80.48
2005	32234	612	1.90	3085	9.57	25839	80.16
2006	35910	559	1.56	4718	13.14	27443	76.42
2007	39088	523	1.34	5405	13.83	29765	76.15
2008	43054	464	1.08	6687	15.53	32151	74.68
2009	25133	236	0.94	4100	16.31	18591	73.97
2010	31644	371	1.17	5061	15.99	23204	73.33
2011	32370	333	1.03	6191	19.13	21694	67.02
2012	40379	402	1.00	7520	18.62	27142	67.22
2013	41910	297	0.71	8678	20.71	27174	64.84
合计	439202	9434	2.15	58198	13.25	328611	74.82

资料来源：根据中国海关进出口数据整理而得。

（二）进口企业与非进口企业绩效比较

本书研究的是进口对企业绩效的影响，本部分依据中国海关数据库与中国工业企业数据库的合并数据对进口企业与非进口企业的企业绩效做了简单统计。表3.4列出了不同贸易类型的企业绩效，其中企业绩效包含企业生产效率、企业利润率及企业生存时间三个方面，贸易类型先分为进口企业和非进口企业（见表3.4中的第2列和第3列），后又细分为仅进口贸易企业和既有进口行为又有出口行为的双向贸易企业以及仅出口贸易企业（见表3.4的后三列）。可见无论是企业生产率、企业利润率还是企业生存时间，进口企业都要高于非进口企业。如果按贸易方向细分，仅进口贸易企业的生产率及利润率最高，其次是双向贸易企业，仅出口贸易企业的生产率及利润率最低。从生存时间指标来看，双向贸易企业的生存时间最长，其次为仅进口贸易企业，而仅出口贸易企业的生存时间最短，可能的原因在于双向贸易企业综合了进口贸易企业及出口贸易企业的优势，延续了企业生存。从表3.4中的数据可以推断出，企业进口行为在一定程度上能够提高企业生产率，增加企业利润，并能延续企业生存。为了更形象、更直观地比较进口企业与非进口企业的三方面的企业绩效，本书做了进口企业与非进口企业的企业生产率和企业利润率的核密度统计（见图3.10和图3.11）、进口企业和非进口企业的Kaplan–Meier估计（见图3.12）。

表3.4 不同贸易类型的企业绩效

企业指标	进口企业	非进口企业	仅进口企业	双向企业	仅出口企业
全要素生产率（LP法）	6.75	6.17	6.85	6.73	6.33
全要素生产率（OP法）	7.64	6.76	7.73	7.61	7.13
利润率（%）	6	5	7	5	3
存活时间（年）	8.75	6.70	8.03	9.01	7.65
进口强度（‰）	201.94	—	317.71	160.86	—
进口价值量（元）	4.9e+07	—	3.8e+07	5.3e+07	—
进口种类（类）	28.37	—	17.73	32.17	—

资料来源：根据中国海关进出口数据整理而得。

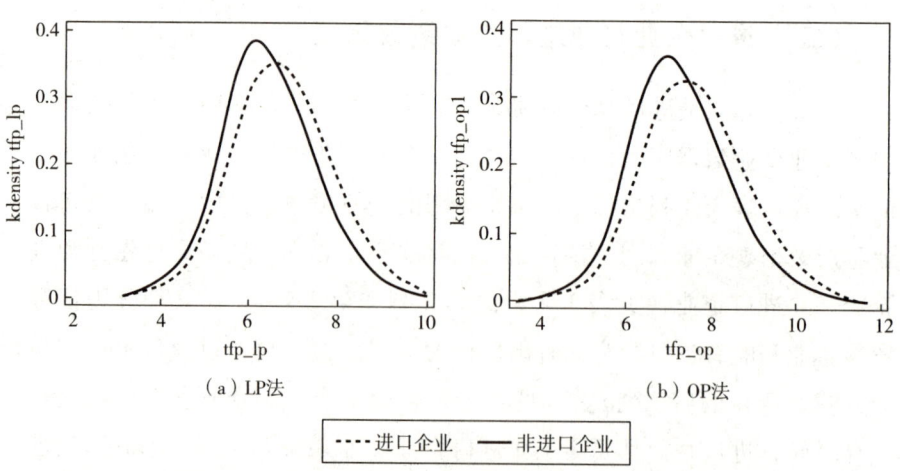

(a) LP法　　(b) OP法

------进口企业　　——非进口企业

图3.10 进口企业与非进口企业全要素生产率的核密度

资料来源：根据中国海关进出口数据整理而得。

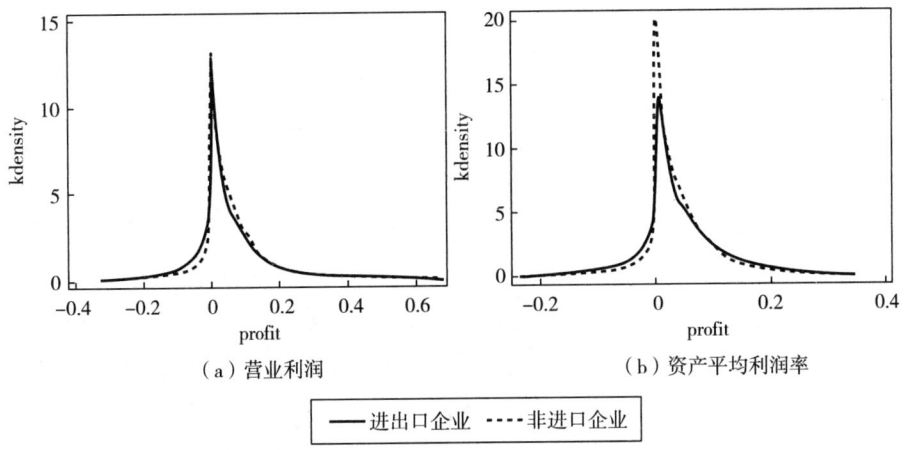

(a) 营业利润　　　　　　　　(b) 资产平均利润率

―― 进出口企业　---- 非进口企业

图 3.11　进口企业与非进口企业利润率的核密度

资料来源：根据中国海关进出口数据整理而得。

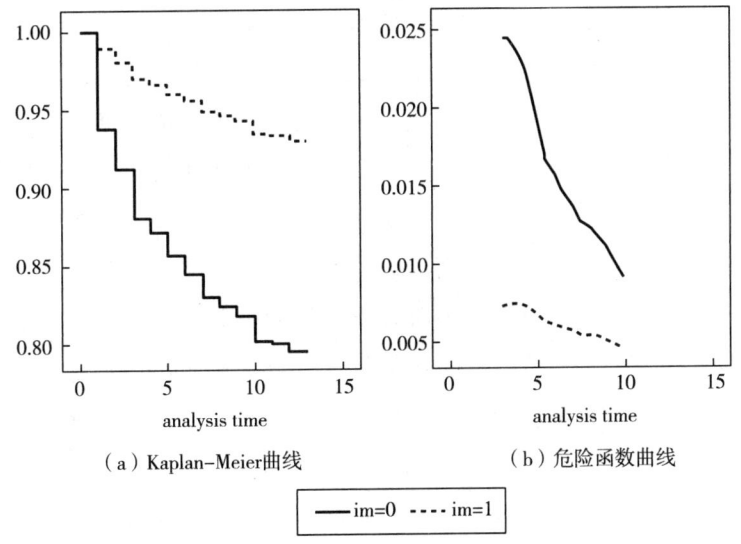

(a) Kaplan-Meier 曲线　　　　(b) 危险函数曲线

―― im=0　---- im=1

图 3.12　进口企业与非进口企业的 Kaplan–Meier 曲线、危险函数曲线

资料来源：根据中国海关进出口数据整理而得。

图 3.10 为进口企业和非进口企业生产率的核密度分布比较，可见进口企业的 TFP 相对于非进口企业来说，分布明显偏左，说明进口企业的

TFP 整体上高于非进口企业。

图 3.11 为进口企业和非进口企业利润率的核密度分布比较，可见进口企业的利润率相对于非进口企业来说，其分布略微偏左，也在一定程度上说明进口企业的利润率整体上高于非进口企业。

图 3.12 描绘了进口企业与非进口企业生存持续时间的 Kaplan – Meier 生存曲线和危险函数曲线，结果显示，进口企业与非进口企业生存时间存在显著差异：相对非进口企业（im = 0），进口企业（im = 1）的 Kaplan – Meier 生存曲线的位置较高，而危险函数曲线位置较低，这表明与非进口企业相比，进口企业的生存持续时间相对更长，且进口企业倒闭的概率相对更低。由此，本书推断，企业的进口行为可能在一定程度上降低了企业的生存风险，延长了企业生存时间。

中国目前处于市场经济转型时期，与其他一般市场经济体最大的区别在于企业产权制度的多样化发展，技术差距、外资引进、政策保护等方面的异质性使得不同所有制类型的企业发展绩效具有不同特点。国有企业同时具有营利法人和公益法人的特点，一般会受到政府的长期支持，占有相对较多的物质及市场资源，缺乏市场竞争力和创新能力。私营企业虽不占资源优势，但是机制灵活，市场应变能力强。外资企业熟悉国际市场，信息资源丰富，技术水平相对较高。表 3.5 给出了不同所有制类型企业的进口状况与企业绩效，可见在三种所有制类型的企业中，进口企业的企业绩效都要显著高于非进口企业的企业绩效，进口企业无论是企业生产率、企业利润率还是企业存活时间都显著高于非进口企业。在国有企业中进口企业与非进口企业的绩效差异最大，相比非进口企业，进口企业的生产率（LP 方法测算）要高 23.18%，企业利润率要高 57.58%，而企业存活时间要长 2.09 年；其次是私营企业，相比非进口的私营企业，进口的私营企业的生产率要高 8.15%，企业存活时间长 1.82 年；在外资企业中两种类型企业的绩效差异最小，一般情况下，相比非进口企业，进口企业的生产率（LP 方法测算）要高 5.02%，企业存活时间要长 1.41 年。这说明，企业的进口行为能够提高企业的生产效率、增加企业的经营利润并能延长企业的生存时间，而且进口对企业绩效的影响效应还会受到企业所有制类型的异质性影响。

表 3.5　不同所有制类型企业进口行为及企业绩效比较

企业指标	国有集体企业			私营企业			外资企业		
	总体	进口	非进口	总体	进口	非进口	总体	进口	非进口
全要素生产率（LP法）	5.94	7.28	5.91	6.15	6.63	6.13	6.51	6.69	6.37
全要素生产率（OP法）	6.75	8.31	6.72	6.90	7.48	6.88	7.36	7.56	7.19
利润率（%）	-0.32	-0.14	-0.33	-0.02	0.02	-0.02	0.10	0.16	0.05
存活时间（年）	6.84	8.88	6.79	6.42	8.17	6.35	8.04	8.81	7.40
进口强度（‰）	—	271.49	—	—	103.79	—	—	220.81	—
进口价值量（元）	—	3.2e+07	—	—	1.3e+07	—	—	5.6e+07	—
进口种类（类）	—	17.29	—	—	6.26	—	—	34.63	—

注：表中均为各项指标均值。
资料来源：根据中国海关进出口数据整理而得。

三、本章小结

本章概括了中国自加入世界贸易组织以来总体的进口贸易发展现状，

并重点关注了中国进口企业的现状，及异质性企业的进口情况与企业绩效比较，为下文的研究主题提供现实依据。总体来看，中国进口贸易得到持续扩张，但是随着全球经济低速增长及全球需求持续显著地下降，进口贸易增长速度有所放缓；一般贸易在进口贸易中占比不断上升，而加工贸易占比却呈现不断下降趋势，这说明中国的进口结构不断优化；进口商品中初级产品的比重有所上升，进口的工业制成品中以资本与技术密集型产品为主；从企业性质分类来看，国有企业及外资企业进口占比呈现不断下降趋势，而以私营企业为主的其他企业进口占比却迅速上升，这说明私营企业在中国最近几年以及未来几年的贸易发展中发挥着越来越重要的作用；进口企业的企业绩效显著高于非进口企业，可以推断企业参与进口行为可以提高企业的生产效率、增加企业的经营利润并能延长企业的生存时间。后续部分将对此展开全面而深入的实证分析。

第四章
进口与企业生产率

自加入 WTO 以来，中国经济随着全球经济一体化进程的加深逐步融入到世界经济中，国内经济取得快速发展，但是中国与发达国家在机器设备、关键性零部件及原材料生产等诸方面都存在着显著的技术差距，致使中国在全球价值链分工中一直处于比较低的地位。如何提升中国企业的生产效率或产品质量进而提升中国在全球价值链分工中的地位，一直是政界及学界高度关注的话题。众所周知，发达国家在新产品研发设计与生产技术上存在显著的优势，发展中国家主要靠模仿发达国家的新产品设计和生产技术来实现经济增长，而这些模仿过程正是通过进口新的、质量更高的中间投入品来实现的（余淼杰、李乐融，2016）。如果进口高质量的投入品能够提升我国企业的生产率或产品质量，这会促使我国从一个生产低端、廉价产品的制造业大国走向一个生产高技术含量、高附加值产品的制造业强国。企业是国家间国际贸易活动的主体，企业的生产绩效和市场竞争力直接关系到国家整体经济实力的提升。因而，对企业进口与其绩效的研究具有非常重要的现实意义。

近年来，随着全球经济低速增长，中国出口贸易受阻，国内多数企业生存压力加大。为了促使国内企业生产出符合国际出口市场要求的产品，同时优化国内产业结构，中国政府对先进技术、核心设备和关键性零部件的进口给予了许多政策支持。据统计，2000~2015 年，中国中间品的进口比重一直在 75% 以上，显著高于世界平均水平。而且近年来，随着中国政府对先进技术、核心设备和关键性零部件进口的支持，中间品进口结构不断优化，如2016年，中间品进口约占74.9%，其中零部件约占30%，初级产品约占21%，加工品约占23.9%。① 然而，我国企业对投入品的进口究竟会对企业的绩效及企业的发展造成怎样的影响？中国企业能否从进口活动中获益？中国企业的进口行为能否提升自身生产效率？其具体作用途径是什么？此外，企业进口的产品在产品用途、产品来源国、产品技术含量、产品质量等方面存在显著差异，那么进口对企业生产率的影响是否会受到产品异质性的影响？上述问题的回答对于了解经济增长的微观决定因素、客观评估我国进口战略的经济绩效和实现中国产品的质量升级具有重要的现实意义。然而，迄今为止，国内学者对企业进口行为与企业生产率之间关系的研究相对不足，且国内相关研究重在对企业异质性的分析，忽略了进口产品异质性的影响。本章利用2000~2007年中国工业企业和中国海关数据库的合并数据，着力考察进口对企业生产率的具体传导机制及进口产品异质性对企业生产率的差异化影响，以期为进口与企业生产率之间关系的研究作一些有价值的补充，同时为中国政府及企业的经济决策提供参考依据。

一、理论模型

我们借鉴了Blaum等（2014）建立的一个将大部分现有相关的模型都概括进来的进口需求模型，它是应用于经验分析最合适的模型。在本书模型中，企业根据静态利润最大化问题来选择是否参与进口活动。企业对进口投入品的需求来源于国内外投入品的多样化选择和产品质量差异性，并

---

① 根据UN COMTRADE提供的中国每年从各个国家进口数据计算得出。

且受到固定成本的影响。

企业可以从多个、异质的投入品供应商那里购买投入品,而这些投入品的产品质量可能存在差异。企业的生产率水平、采购时产生的固定成本都是异质的,且允许企业生产率和投入品质量之间可以存在互补性。

(一) 基本模型构建

1. 基本环境

我们考虑的是一个包含很多企业的开放经济体,这些企业的生产结构表示为:

$$y = \varphi f(l, k, x) = \varphi l^{1-\alpha-\gamma} k^\alpha x^\gamma \tag{4-1}$$

$$x = (x_D^{\frac{\varepsilon-1}{\varepsilon}} + x_I^{\frac{\varepsilon-1}{\varepsilon}})^{\frac{\varepsilon}{\varepsilon-1}} \tag{4-2}$$

$$x_D = \eta(q_D, \varphi) z_D \tag{4-3}$$

$$x_I = \left\{ \int_{c \in \Sigma} [\eta(q_c, \varphi) z_c]^{\frac{\rho-1}{\rho}} dc \right\}^{\frac{\rho}{\rho-1}} \tag{4-4}$$

其中,生产函数是柯布—道格拉斯生产函数,y 表示产出、k 表示资本投入、l 表示劳动投入、x 表示中间品投入。企业的生产率 φ 是异质的。中间投入品表达式是 CES 函数,由国内投入品 (x_D) 和从国外进口的投入品 (x_I) 两部分组成。c 表示进口来源地、z_c 表示产品数量、$\eta(q, \varphi)$ 表示企业具体的质量水平、q 表示产品质量。函数 $\eta(q, \varphi)$ 允许企业生产率和产品质量之间是互补的,这导致了企业进口需求的非同质性。而在同质情况下,$\eta(q, \varphi) = q$,此时,质量水平就简单与产品质量 q_c 成正比。在不影响本书研究结论的情况下,假定国内产品质量标准化为 $\eta(q_D, \varphi) = q_D$。

在本书的生产结构方程中,有一个非常重要的内生变量是企业的进口(采购)决策 Σ,企业采购的国外投入品的组合。企业的采购决策涉及企业的广延边际问题,如从哪些国家进口投入品。我们认为,企业选择到哪个经济体进行国际采购会受到进口的固定成本的影响,以劳动力的单位来衡量进口时发生的固定成本。特别地,假定企业从国家 c 进口一种投入品需要支付的固定成本是 f_c。正是因为固定成本的存在,企业才不能从所有的国家进口:最优的进口策略 $\sum$ 由多样化偏好效应和固定成本的权衡决定。至关重要的是,每个企业固定成本的变化将会映射出采购策略的变化:一些企业相比其他企业会自主选择从更多的市场中进口。需要注意的是,产品价格包含贸易成本且允许与国家质量相关。我们不对国内产出市场的结构进行任何限制,因此本书不对企业是否会产生同质或差异化的最终产品以及它们如何进行竞争作出假设。下面的假设1正式定义了经济中异质性的来源。

假设1:国家是异质的,包含产品质量(q_c)、价格(p_c)和固定成本(f_{ci})三个方面的异质特征;企业自身的生产率(φ_i)和采购的固定成本(f_{ci})是异质的;$G(q)$和$F(\varphi)$是质量和生产率的边际分布;$H^f(f|q,\varphi)$和$H^p(p|q)$固定成本和价格的条件分布。本书不对这些分布施加任何特定的结构。

2. 进口需求

企业根据利润最大化原则选择其规模、采购策略、所有投入品的需求数量。给定一个采购策略 $\sum$,利用成本最小化原则求解方便,利润最大化及成本最小化定义式如下:

$$\pi \equiv \max_{\sum,y,l,k} \left\{ py - \Gamma(\sum,y,\varphi,l,k) - Rk - wl - w\left(\int_{c\in\sum} f_c dc + f^I I(\sum)\right) \right\} \quad (4-5)$$

$$\Gamma(\sum,y,\varphi,l,k) \equiv \min_z \left\{ \int_{c\in\sum} p_c z_c dc \, s.\,t. \, \varphi f(l,k,x) \geq y \right\} \quad (4-6)$$

用式(4-5)的解来描述进口对企业生产率的影响有多大。式(4-6)为企业的成本函数,p是企业面对的需求函数;$\sum$是企业的采购策略;ω和R分别是工资和利率;$I(\sum)$是企业进口状况,如当企业进口任何一种产品时,$I(\sum)=1$。由于本书不需要理解竞争的本质或产出方面的市场结构,所以需求函数p不受限制。更准确地说,利用成本最小化问题求式(4-6)的企业参与贸易的广延边际非常容易,但是求解最佳采购策略是困难的,除非我们对质量和固定成本的联合分布进行严格的假定,并指定产出市场竞争的性质。

(二) 企业层面的贸易利得

接下来,根据式 (4-5) 和式 (4-6) 来推导企业层面的贸易利得。我们仅需要通过模型推导出企业的集约边际问题来衡量生产率的收益。为此,假定一个生产率为 φ 的企业,从其他国家采购的产品组合为 $\sum$。给定企业采购策略情况下,固定成本与企业进口需求不相关。联立式 (4-1) ~式 (4-4) 可以得出企业只关心价格(而价格是质量的函数):

$$\xi_c(\varphi) \equiv \frac{\eta(q_c, \varphi)}{p_c} \qquad (4-7)$$

注意,如果 $\eta(\cdot)$ 函数中 q_c 和 φ 是互补的,则价格取决于企业生产率。给定企业采购策略 $\sum$ 的条件下,企业的支出份额可以用下式表示:

$$s_c(\sum,\varphi) = \frac{\xi_c(\varphi)^{\rho-1}}{\int_{c \in \sum} \xi_c(\varphi)^{\rho-1} dc} \qquad (4-8)$$

从式 (4-8) 中可以看出,内生采购策略 $\sum$ 的重要性。令 m_I 表示对总进口的支出,经标准化处理后,x_I 可以表示为 $x_I = A(\sum,\varphi)m_I$,而 $A(\sum,\varphi)$ 是企业具体的进口价格指数:

$$A(\sum,\varphi) = \left(\int_{c \in \sum} \xi_c(\varphi)^{\rho-1} \right)^{\frac{1}{\rho-1}} \qquad (4-9)$$

需要说明的是,在给定采购策略 $\sum$ 后,价格指数是外生的。特别地,当需求是同质的 ($\eta(q,\varphi)=q$) 时,A 仅取决于 $\sum$。

给定 $A(\sum,\varphi)$ 可以简单地求出企业层面的国内和国外产品的交易量。令 P_D 为国内中间品的价格,且 $m(m_D)$ 是总的(国内)投入品的花费,而 $Q(\sum,\varphi)$ 的表达式如下:

$$Q(\sum,\varphi) = ((q_D/p_D)^{\varepsilon-1} + A(\sum,\varphi)^{\varepsilon-1})^{\frac{1}{\varepsilon-1}} \qquad (4-10)$$

因此，从企业角度看，在给定 $\sum$ 情况下，Q 是外生的。企业的国内支出份额可以简单地表示为：

$$s_D(\sum,\varphi) \equiv \frac{m_D}{m} = \frac{(q_D/p_D)^{\varepsilon-1}}{(q_D/p_D)^{\varepsilon-1} + (A(\sum,\varphi))^{\varepsilon-1}} = \left(\frac{q_D/p_D}{Q(\sum,\varphi)}\right)^{\varepsilon-1}$$
$$(4-11)$$

式（4-11）给出了可观测的国内份额 s_D 和不可观测的企业特定价格 $A(\cdot)$，$A(\cdot)$ 取决于整个未观察到的质量和价格的分布以及公司的采购策略 $\sum$。

命题1：基于上面的各种假定和描述，企业的生产函数最终表示为：

$$y = \vartheta l^{1-\alpha-\gamma} k^\alpha m^\gamma$$

而企业有效生产率 ϑ 可表示为：

$$\vartheta \equiv \underbrace{\varphi \times \left(\frac{q_D}{p_D}\right)^\gamma}_{\text{外生生产率}} \times \underbrace{(s_D(\sum,\varphi))^{\frac{\gamma}{1-\varepsilon}}}_{\text{从贸易中获得的内生生产率}} \qquad (4-12)$$

其中，$s_D^{\frac{\gamma}{1-\varepsilon}}$ 为相对自给自足的价格固定情况下，贸易带给企业层面生产率的收益。命题1非常关键，因为可以利用可观测的国内份额 $[s_D]$ 及可以估计的结构参数 γ 和 ε 就能简单测出贸易对企业层面内生生产率的影响。

式（4-12）的推导虽然简单，对于从企业层面理解贸易对生产率的影响却直观深刻。将 $x = Q(\sum,\varphi)m$ 代入式（4-12），可以得到：

$$y = \varphi l^{1-\alpha-\gamma} k^\alpha x^\gamma = (\varphi Q(\sum,|\varphi))^\gamma) k^\alpha l^{1-\alpha-\gamma} m^\gamma \qquad (4-13)$$

相对使用国内的投入品，企业参与国际市场去采购国外投入品可以降低生产成本。企业 i 的有效价格取决于它通过采购策略 $\sum_i$ 选择的价格指数 Q^i。

命题1不仅可以用来测算相对自给自足情况下，贸易带给企业生产率的利得，也可以用来分析贸易政策的生产率效应，如贸易自由化的影响。假定企业先天生产率 φ 是固定的，贸易政策带来的企业层面生产率的利得可以表示为：

$$\left.\frac{\vartheta^{post}}{\vartheta^{pre}}\right|_{\varphi} = \left(\frac{s^D(\sum^{post},\varphi)}{s^D(\sum^{pre},\varphi)}\right)^{\frac{\gamma}{1-\varepsilon}} \tag{4-14}$$

对国内份额变动的了解足以分析贸易改革的直接、静态的后果。如果对贸易自由化感兴趣就可以用式（4-14）来评估投入品贸易自由化对企业生产率的直接影响。特别是式（4-14）既包含由于贸易壁垒和关税的降低导致了国外投入品价格发生的外生变化，也包含企业调整其采购模式的内生变化。如果可以观测到国内消费的微观数据，就不需要估算一个结构模型来评估贸易改革带来的生产率效应。

（三）贸易的总体收益

前文仅关注了进口对个体企业的影响，接下来，我们将研究国际贸易的总体效应。为了分析贸易的总体效应，需要增加更多的结构方程。重要的是，必须充分描述宏观经济结构从企业层面生产率的分布到总体资源配置和福利情况并提供一个衔接。假定，企业在生产过程中投入劳动和中间品，且有一大批工人提供有弹性的劳动，[1] 其最终产品的总产出可以表示为：

$$Y = \left(\int_0^1 y(i)^{\frac{\sigma-1}{\sigma}} di\right)^{\frac{\sigma}{\sigma-1}} \tag{4-15}$$

如前文所述，中间投入品既包含国内投入品也包含很多异质的国外投入品。国外投入品在价格 $[p_c]_c$ 上具有完全弹性。考虑到生产的可能性，假定有一个代表性的国内生产中间产品的企业，使用劳动力将一些生产要素进行组合来生产国内中间投入品。特别地，假定国内中间品的生产函数表示为：

$$Y_D = M l_D^{\phi} Z^{1-\phi} \tag{4-16}$$

其中，Z 表示生产要素的使用量，ϕ 表示生产要素在生产中的重要程

---

[1] 本书仅关心静态分配的影响，所以这里忽略资本投入。

度（Jones, 2011）。假定中间品生产市场是垄断竞争市场，且贸易是平衡的。简单起见，我们假定经济体出口最终产品以换取进口投入品。在这种环境下，可以正式定义经济的平衡。

均衡是一组集合，包括价格（ω，$[p(i)]_i$，p_D，P），劳动力配置（$[l(i)]_i$，$[l_F(i)]_i$，l_D），差异化产品供给（$[y(i)]_i$），国内和国外投入品需求（$[z_D(i)]_i$，$[z_c, I(i)]_{ci}$），最终产品的供给和需求（Y，C，Z，Y_{ROW}），国内中间产品供给量 Y_D 和采购策略（$[\sum(i)]_i$）。

（1）价格 $[p(i)]$、采购策略 $[\sum(i)]_i$ 和投入需求（$l(i)$，$z_D(i)$，$[z_c, I(i)]_{ci}$）能够解出企业的最大化问题，如式（4-4）和式（4-5）。

（2）消费者效用最大化由式（4-14）给出。

（3）中间产品生产商利润最大化由式（4-16）给出。

（4）总体价格指数 P 与 $[p(i)]_i$ 一致。

（5）应用于固定成本的劳动 $l_F(i)$ 与企业采购策略一致 $\sum(i)$。

（6）贸易是平衡的，如 $PY_{ROW} = \int p_c z_c, I(i) di$。

（7）市场出清，$L = \int l(i) di + \int l_F(i) di + l_D$，$Y = C + Y_{ROW} + Z$，且 $Y_D = \int z_D(i) di$。

命题2：令 $[\sum(i)]_i$ 为企业均衡时的采购策略，$L_F = \int l_F(i) di$ 是均衡时企业雇佣工人的数量，包含了企业采购的固定成本和由 $\sum(i)$ 推导出的国内支出份额 $s_D(i)$。则可以推出：

经济体的实际工资为：

$$\frac{\omega}{P} = \Gamma_{\omega/p} \times \left(\int_{i=0}^{1} \left[\varphi(i) s_D(i)^{\frac{\gamma}{1-\varepsilon}} \right]^{\sigma-1} di \right)^{\frac{1}{\sigma-1} \frac{1}{1-(1-\phi)\gamma}} \quad (4-17)$$

其中，$\Gamma_{\omega/p}$ 是一个常数。

消费者的福利为：

$$U = \left(1 + \frac{1}{\sigma-1}\left[1 - \gamma\left(1 - \phi\int_{i=0}^{1} \frac{s_D(i)[\varphi(i)s_D(i)^{\gamma/(1-\varepsilon)}]^{\sigma-1}}{\left(\int[\varphi(i)s_D(i)^{\gamma/(1-\varepsilon)}]^{\sigma-1}di\right)}di\right)\right]\right)^{-1} \times$$
$$\frac{\omega}{P} \times (L - L_F) \qquad (4-18)$$

命题 2 提供了贸易的微观层面的收益 $s_D^{\frac{\gamma}{1-\varepsilon}}$ 和宏观层面收益的衔接。在式（4-17）中，给定企业总体的国内份额的分布，实际工资则取决于外生生产率和外生国内份额的联合分布。也就是说，不管国外产品在质量和价格上差异有多大，或者企业的采购策略 $\sum$ 是如何产生的，在国内份额给定情况下，实际发生的采购策略与实际工资不相关。与命题 1 形成对比，可观测的国内份额 s_D^i 的边际分布还不足以衡量贸易的总体效应，只有在与外生生产率的联合分布下才能衡量贸易总体效应。直观地说，如果最有效率的企业是国际贸易中最活跃的参与者，那么整个经济就会取得大幅增长。相反，如果生产效率相对低下的企业是最活跃的进口商，那么贸易的总收益将会很小。

从式（4-18）可以看出，福利取决于三个表达式，都依赖企业参与国际贸易。很明显，福利取决于实际购买力，如实际工资。此外，福利需要考虑到因为固定成本的发生而造成的资源损失，因为生产中劳动力的有效数量是 $L - L_F$。第一个表达式反映了生产者赚取的利润。如果企业成本加成为零 $\left(即 \frac{1}{\sigma-1} \to 0\right)$，第一个表达式就不存在了。

（四）进口的广延边际

为了得到外生生产率和国内份额的内生分布，需要求出企业的广延边际（见式（4-5））。为此，需要利用经济体的更多的结构方程。为简化模型，现在我们不仅要考虑国外产品质量和价格的分布及固定成本分布的特殊函数形式，而且还要对异质性程度施加额外的限制。

假设 2：考虑到上述经济环境，现做如下假定：

（1）企业间采购产品的固定成本不同，但是在采购国家间是固定的，

如 $f_{ci}=f_i$,f_i 和 φ_i 服从任意的联合分布。

(2) 企业间进口的固定成本 f^I 是常数。

(3) 进口产品的价格 p_c 取决于产品质量，$p_c=\alpha q_c^\nu$。

(4) 质量分布为帕累托，$G(q)=\Pr(q_c\leq q)=1-\left(\dfrac{q_{\min}}{q}\right)^\theta$，其中，$\theta$ 满足 $(\rho-1)(1-\nu)<\theta$。

(5) 进口需求是同质的，$\eta(q,\varphi)=q$。

假设2为严格阐述企业广延边际进行了充分的限制，其中第一个是最基本的假设条件。当固定成本不因国家不同而变化时，该企业会根据（价格调整）质量来选择其采购国家，而这些国家则是包含了大量采购的国家。更准确地说，如果一个国家 c 的（价格调整）质量为 $\dfrac{q_c}{p_c}$ 是 $\sum_k$ 中的元素，那么对于所有的国家 c' 都有 $\dfrac{q_{c'}}{p_{c'}}>\dfrac{q_c}{p_c}$。因此，企业的采购策略从整个集合减少到一个标准量：$\sum_k$ 可以总结为质量的切点。

在假设2中剩下的4个限制可以被替换，取而代之的是替代规则。有了假设2和前文的市场结构，现在来讨论企业的贸易广延边际。

前文的讨论表明，可以通过质量切点 $\bar{q}$ 来全面地总结进口商的采购策略，这样对于所有的国家都有 $q>\bar{q}$。因此，企业采购来源国的数量可以表示为：

$$n_i=P(q\geq\bar{q}_i)=\left(\dfrac{q_{\min}}{\bar{q}_i}\right)^\theta \qquad(4-19)$$

其中，企业 i 的采购策略 $\sum_i$ 可以简单地由国家数量 n_i 给出。命题1仅依赖于企业的成本最小化问题，n_i 是利润最大化问题的解。给定上述总体的经济环境，企业面对的是等弹性需求，并设定一个不变的加成。因此，固定成本前的可变利润可以表示为：

$$\pi^V=(p-MC)y=\dfrac{1}{\sigma}py=\dfrac{1}{\sigma}D\left(\dfrac{\sigma-1}{\sigma}\right)^{\sigma-1}\left(\dfrac{1}{MC}\right)^{\sigma-1} \qquad(4-20)$$

其中，MC 是生产的边际成本，D 是需求量，可用企业的总支出表示。企业的边际成本可以表示为：

$$MC(\varphi, n) = \frac{1}{\varphi}\left(\frac{\omega}{1-\gamma}\right)^{1-\gamma}\left(\frac{1}{\gamma}\frac{1}{Q(n)}\right)^{\gamma} \qquad (4-21)$$

其中，$Q(n) = ((q_D/p_D)^{\varepsilon-1} + A(n)^{\varepsilon-1})^{1/(\varepsilon-1)}$，$A$ 为进口产品的价格指数。值得注意的是，我们用大量的国家 n 明确地指出了企业的采购策略 $\sum$，并将 φ 排除在价格指数的定义之外，因为假设的是同质需求，这意味着企业的生产效率不会影响价格指数，而这取决于采购策略。利用式（4-20）和式（4-21），利润最大化式（4-5）可以表示为：

$$\pi(\varphi, f) \equiv \max_n \left\{ \frac{1}{\sigma}D\left(\frac{\sigma-1}{\sigma}\right)^{\sigma-1}\left(\frac{1}{MC}\right)^{\sigma-1} - \omega(fn + f^I I(n>0)) \right\} \qquad (4-22)$$

注意，我们明确指出企业利润是 (φ, f) 的函数，而这是企业层面上的两种异质性来源。

命题 3：在如上的设定下，让假设 2 成立。进口价格指数可表示为：

$$A(n) = zn^{\eta} \qquad (4-23)$$

其中，z 和 η 是关于进口价格的外生参数 (α, ν)。质量的分布（$E[q]$，θ）及国外投入品替代弹性 θ 的函数，具体表达式为：

$$z = \frac{1}{\alpha}E[q]^{(1-\nu)}\left(\frac{\theta-1}{\theta}\right)^{(1-\nu)}\left(\frac{\theta}{\theta-(1-\nu)(\rho-1)}\right)^{\frac{1}{\rho-1}} \qquad (4-24)$$

$$\eta = \frac{1}{\rho-1} - \frac{1-\nu}{\theta} \qquad (4-25)$$

命题 3 有两个显著的优点：第一，它为企业的进口价格指数提供了一个非常易于求解的表达式 $A(n)$；第二，命题 3 使得理论的校准变得极其透明和简单。因此，没有必要去估计结构方程参数 $(\alpha, E[q], \theta, \rho, \nu)$，只需要 (z, η) 充分就可求出企业广延边际上的行为。

利用式（4-11）和式（4-4），可以得到：

$$s_D\left(\sum, \varphi\right) = s_D(n) = \frac{(q_D/p_D)^{\varepsilon-1}}{(q_D/p_D)^{\varepsilon-1} + A(n_i)^{\varepsilon-1}} = \frac{1}{1 + \left[\frac{p_D}{q_D}zn\eta\right]^{\varepsilon-1}}$$

$$(4-26)$$

因此，给定 z 和 η 及企业广延边际 n 的解，企业的均衡国内份额就能求出（给定均衡价格 p_D、贸易弹性 ε 和标准化 q_D），但这并不意味着质量异质性的程度（θ）或者投入品可替代性（ρ）在塑造企业的进口需求方面没有一个明确的定义。

命题 4：基于以上设定，z 和 η 的定义如命题 3，则：

（1）多样性能够提升进口企业的生产率 z，$\dfrac{\partial z(E[q], \theta, \rho)}{\partial \theta} < 0$，当且仅当 $(\rho-1)(1-\nu) > 1$。

（2）多样性和替代性是互补的，$\dfrac{\partial^2 z(E[q], \theta, \rho)}{\partial \theta \partial \rho} < 0$，当且仅当 $(\rho-1)(1-\nu) > 1$。

（3）替代性提升进口企业的生产率 z，$\dfrac{\partial z(E[q], \theta, \rho)}{\partial \rho} > 0$。

（4）多样性和替代性都能提高进口企业的收益，因为 $\dfrac{\partial \eta}{\partial \theta} > 0$，且 $\dfrac{\partial \eta}{\partial \rho} < 0$。

为了更直观地理解命题 4，注意进口生产率 A 满足 $A^{\rho-1} = \int_{q}^{\infty} q^{(1-\nu)(\rho-1)} dG(q)$，而 $(\rho-1)(1-\nu) > 1$，企业是风险爱好者且偏好多样性。由于进口实际上是一种选择（因为企业会选择到最合适的国家去采购投入品），无条件的分布中国外投入品差异越大，企业因进口获得的收益会越多，ρ 越高，企业从不同质量的国外投入品中获益就越多。要理解这部分得注意，投入品的质量存在着显著差异性，边缘国家的质量要比已经采购国家的质量要低。但是在限制条件边缘的国家会得到很少的支出份额，而不会影响进口的总体质量。因此，进口产品的质量和技术水平会影响到进口需求。利用 A 的函数形式可以求出企业贸易的广延边际。

命题 5：基于以上设定且假定：$\eta(\varepsilon-1) < 1$ 且 $\eta\gamma(\sigma-1) < 1$，企业进口来源国的最优数量表示为：

$$n(\varphi, f) = \begin{cases} n^* & \text{当} f^I < \left[\left(1 + \frac{p_D}{q_D}z(n^*)^\eta\right)^{\frac{\gamma(\sigma-1)}{\varepsilon-1}} - 1\right](q_D/p_D)^{\gamma(\sigma-1)} \text{时,} \\ 0 & \text{否则} \end{cases}$$

$$\tau \frac{D}{\omega^{1+(1-\gamma)(\sigma-1)}}\varphi^{\sigma-1} - fn^* \tag{4-27}$$

其中，τ 是一个常数，$\tau = \frac{1}{\sigma}\left(\frac{\sigma-1}{\sigma}(1-\gamma)^{1-\gamma}\gamma^\gamma\right)^{\sigma-1}$。

n^* 的隐性表达式为：

$$\left(\left(\frac{q_D}{p_D}\right)^{\varepsilon-1} + z^{\varepsilon-1}(n^*)^{\eta(\varepsilon-1)}\right)^{\frac{\gamma(\sigma-1)}{\varepsilon-1}-1} \eta z^{\varepsilon-1}(n^*)^{\eta(\varepsilon-1)-1} = \frac{1}{\gamma(\sigma-1)}$$

$$\frac{\omega^{1+(1-\gamma)(\sigma-1)}}{\tau D} \frac{f}{\varphi^{\sigma-1}} \tag{4-28}$$

其中，n^* 随着生产率（φ）的增加而增加，随着固定成本（f）的增加而减少，且随着进口产品平均质量（z）的提高而增加。当且仅当 $\gamma(\sigma-1) > (\varepsilon-1)$ 时，n^* 随着价格调整国内质量（q_D/p_D）的增加而增加。利用命题 5，我们已经具备所有求解条件，不仅可以估计局部均衡条件下进口对企业生产率的影响，还可以计算进口对福利和全要素生产率的总体影响。根据命题 2，关键的内生条件是先天生产率 φ 和国内支出份额 $s_D(n)$ 的联合分布，如 $G(\varphi, s_D)$。但这个联合分布取决于命题 5，因为我们利用方程（4-26）可以在知道 s_D 和 n 一个条件的情况下，推出另一个来。方程（4-28）强调了企业具体的固定成本的重要作用，它是投入品进口对企业生产率技术溢出效应的异质性来源。下文会利用企业层面的微观数据对进口与企业生产率的关系进行实证检验。

二、数据来源与处理说明

本章数据来源于 2000~2007 年中国工业企业和海关贸易统计库的合

并数据。中国工业企业数据库收录了中国 50 多万家企业，这些企业的产值占中国工业总产值的 90% 左右，涵盖了中国工业制造业的 60 多个大产业。工业统计指标包括工业增加值、工业总产值和工业销售产值等主要技术经济指标以及主要财务指标和从业人员等，它们是本书企业生产率指标的来源。本书综合 Feenstra 等（2014）、张杰等（2015）及余淼杰等（2016）的处理方法，将样本做了以下筛选：①删除成立时间无效的企业；②删除流动资产、固定资产总计、固定资产净值缺失或者大于企业总资产的企业；③删除工业销售额、营业收入、就业人数、出口额、中间投入品、应付工资总额中任意一项为负值或者缺失的企业；④删除就业人数少于 8 人的企业；⑤删除同一年出现一次以上及无法识别编号的企业。本书使用的第二套数据来自中国海关总署的产品层面交易数据。这一数据记载了 2000~2007 年通关企业的每一条进出口交易信息，包括进出口产品的 8 位 HS 编码、进出口产品价值、数量、来源国（目的地）、贸易方式、企业税号、交通运输方式、途经国等信息。本书对企业每年的进口数据进行了加总处理，即将企业进口数据加总为企业每年年度数据。进一步地，参照国际上通用的 BEC 标准产品分类编码筛选企业投入品。其中，BEC[①] 代码为 111、121、21、22、31、322、42、53 属于中间产品；41、521 属于资本品。由于海关数据库的进口产品代码为 HS 码、需将 BEC 码和 HS96 编码[②]结合起来，从进口产品中挑选出中间品与资本品。

本章重点研究的是企业投入品进口与企业生产率之间的因果关系和作用机制，因而需要将上述用于计算全要素生产率的企业数据与含有企业投

---

① BEC（Intermediate Goods Classifeied under the Broad Economic Categories）分类采用 3 位数编码结构，把国际贸易商品分为 7 大类 19 个基本类。19 个基本类按最终用途汇总为资本品、中间产品和消费品三个门类，本书将企业进口的消费品去掉，主要研究投入品进口对企业生产率的影响。111 代表主要用于工业生产的初级食品和饮料；121 代表主要用于工业生产的加工食品和饮料；21 代表初级的工业物资；22 代表加工的工业物资；31 代表基础燃料和润滑油；322 代表其他加工燃料和润滑油；42 代表资本品的零部件（运输机器设备除外）；53 代表运输机器设备的零部件及类产品；41 代表资本品货物代表（运输机器设备除外）；521 代表运输设备。

② 目前的 HS 编码有 HS1992、HS1996、HS2002、HS2007 等版本。因本书数据含有 2001 年和 2003 年的数据，故采用 H96 编码与 BEC 编码进行匹配，以避免编码调整出现的问题。

入品信息的产品层面数据进行合并。由于两套数据中企业编码的编制系统完全不同，本章参照余淼杰等（2015），采用两种方式合并两套数据：根据企业的名称和法人代码匹配；通过企业的邮政编码和最后7位的电话号码进行匹配。本书同时使用以上两种匹配方法，只要企业可以通过任何一种方法成功匹配，就将其纳入观测样本中。

三、模型构建与指标说明

（一）计量模型构建

为考察进口与企业生产率的关系，在既有理论和相关研究的基础上（张杰等，2015；余淼杰等，2015；Halpern等，2015），构建以下基本理论模型：

$$TFP_{it} = \alpha_0 + \beta import_{it} + \gamma_n \sum_n X(n)_{it} + \delta_i + \delta_t + \varepsilon_{it} \qquad (4-29)$$

其中，i 表示企业、t 表示年份，δ_i、δ_t 分别表示与企业、年份相关的未观察到的固定效应因素，ε_{it} 表示随机扰动项。计量模型中 TFP 和 $import$ 分别是企业全要素生产率、企业进口强度取对数后的估计值。系数 β 描述了企业投入品进口对其生产率的平均效应。

另外，从现有文献看，进口对生产率的影响渠道可以归纳为技术溢出效应、产品质量效应、产品种类效应三种。因此，结合已有的相关研究，本章将进口影响企业生产率的传导机制技术溢出效应和产品质量效应、产品种类效应进行量化并加入理论模型，以检验进口影响企业生产作用渠道。

$$TFP_{it} = \alpha_0 + \theta_1 \ln Tech_{it}^{spill} + \theta_2 \ln imva_{it} + \theta_3 quality_{it}^{firm} + \gamma_n \sum_n X(n)_{it} + \delta_i + \delta_t + \varepsilon_{it} \qquad (4-30)$$

其中，$\ln Tech^{spill}$、$\ln imva$ 及 $quality^{firm}$ 分别为企业进口投入品的技术溢出、产品种类及产品质量的估计值。系数 θ_1、θ_2、θ_3 分别描述了企业进口投入品的技术溢出、产品种类及产品质量对企业生产率的平均效应。

（二）指标度量

1. 全要素生产率（TFP）

本章采用 Olley – Pakes 法（OP 法）和 Levinsohn – Petrin 法（LP 法）来计算企业的全要素生产率，因为 OP 法及 LP 法能克服企业 TFP 估计过程中存在的同时性偏差和样本选择性偏差。本书使用 LP 法测得的企业生产率进行的实证分析，并使用 OP 法测得的企业生产率进行稳健性检验，其中，物质资本存量，参照宏观资本核算方法，使用公式 $I_t = K_t - K_{t-1} + D_t$ 进行估算，公式中，K 表示固定资产总值，D 为固定资产折旧。

2. 企业投入品进口额（import）

参照张翼等（2015）对进口额的处理方法，本章根据海关数据库得到每个企业每年的中间品进口额，按照 2000～2007 年人民币兑美元年度汇率均值将其换算成人民币计价金额，再按照各地区工业品出厂价格指数平减为 2000 年的可比价数额。本章主要研究包含资本品和中间产品的投入品进口（import_t，企业投入品进口总额与企业销售产值的比值）对企业生产率的影响，鉴于不同类型投入品对企业的生产率影响可能不同，借鉴张杰等（2015）将投入品分为资本品（import_k，资本品进口总值与企业总资产的比值）和中间投入品（import_m，中间投入品进口总值与企业中间品投入总值的比值）。

3. 产品质量（$quality^{firm}_{it}$）

本章采用 Hallak 和 Schott（2011）以及王永进和施炳展（2014）的事后推理方法来计算企业进口的产品质量。企业层面的产品质量指标表示为：

$$quality^{firm}_{it} = \frac{value_{ijt}}{\sum_{ijt \in \Omega} value_{ijt}} quality^{bz}_{it} \qquad (4-31)$$

其中，$value_{ijt}$ 为企业进口的 j 产品的贸易价值量，$\sum_{ijt \in \Omega} value_{ijt}$ 为企业进

口的所有产品的价值量。而 $quality_{ijt}^{bz}$ 为每一种产品上每个企业每年的标准化质量指标：

$$quality_{ijt}^{bz} = \frac{quality_{ijt} - \min quality_{ijt}}{\max quality_{ijt} - quality_{ijt}} \quad (4-32)$$

其中，min、max 分别表示某个进口产品在所有企业、所有时期、所有进口来源国上求得的最小值和最大值，上式定义的标准化质量指标介于[0，1] 之间。而 $quality_{ijt}$ 是每个企业从每个国家每个年度进口的某个 HS 产品的产品质量：

$$quality_{ijt} = \ln \hat{\lambda}_{ijt} = \frac{\hat{\varepsilon}_{ijt}}{(\sigma-1)} = \frac{\ln q_{ijt} - \ln \hat{q}_{ijt}}{(\sigma-1)} \quad (4-33)$$

$$\ln q_{ijt} = \gamma_t - \sigma \ln p_{ijt} + \varepsilon_{ijt} \quad (4-34)$$

其中，$\gamma_t = \ln E_t - \ln P_t$ 为时间虚拟变量，用以控制国内消费者对该产品的消费情况。E、P、j、p、λ、q 分别表示消费者支出、价格指数、产品种类、产品价格、产品质量以及产品数量，σ 表示产品种类间的替代弹性，$\ln p_{ijt}$ 表示企业 i 在 t 年进口 j 产品的价格自然对数，$\varepsilon_{ijt} = (\sigma-1)\ln \lambda_{ijt}$ 测量企业表示企业 i 在 t 年进口 j 产品的质量，作为残差项处理。

4. 产品种类（imva）

按照 Bas 和 Strauss - Kahn（2014）的做法，来自不同国家的同一编码的产品应记为不同产品种类，将企业进口的产品种类定义为国家—产品对。

5. 技术溢出效应（$Tech_{imt}^{spill}$）

受 Lichtenberg 和 Potterie（1996）以及楚明钦和丁平（2013）的启发，采用下式测算企业进口中间产品的技术溢出：

$$Tech_{imt}^{spill} = \sum_m \frac{IM_{imt}}{GDP_{mt}} \times RD_{mt}^d \quad (4-35)$$

其中，$Tech_{imt}^{spill}$ 表示企业 i 在 t 年通过进口产品获得的研发溢出存量，IM_{imt} 表示企业 i 在 t 年从 m 国进口的产品总值，GDP_{mt} 表示 m 国在 t 年的国内生产总值，RD_{mt}^d 表示 m 国在 t 年的国内研发经费存量，使用永续盘存法 $RD_{mt}^d = (1-\delta) RD_{mt-1}^d + rd_{mt}$ 进行计算。其中，δ 表示研发资本折旧率，采用楚明钦和丁平（2013）等的做法设定为 5%，rd_{mt} 表示 m 国第 t 年的研发支出。各国和地区的国内生产总值、研发投入数据来自世界银行数据库。

6. 其他控制变量

依据既有的企业生产率影响因素的相关研究，在实证模型中，本章综合选取了可能对企业生产率产生影响的控制变量（$X(n)$），包括企业规模（$size$），用从业人员数取对数衡量；企业年龄（age），用当年年份与企业开业年份的差取对数衡量；出口强度（dex），用企业出口交货值与企业销售额的比值表示；国有企业虚拟变量（soe）；外资企业虚拟变量（$foreign$），赫芬达尔指数（$herfind$），用来反映企业竞争程度，采用 2 位码行业中企业市场占有率的平方和的对数值表示；加工贸易虚拟变量（$jiagong$）、融资约束（$finace$），利息与企业固定资产的比值表示；年份、省份、行业虚拟变量。

四、实证结果分析

（一）基准回归结果

首先，使用一般的 POLS 方法对计量模型（4-30）进行估计，估计结果如表 4.1 所示。结果显示，企业进口与企业生产率之间存在正相关关系，相关系数为 0.0209，且通过 1% 的显著性水平检验，初步表明投入品进口可能对中国企业生产率的提升有促进作用。这与张杰等（2015）、余淼杰等（2015）得到结论一致。

表 4.1 进口对企业生产率影响效应的基本检验结果（POLS 方法）

变量	(1)	(2)	(3)	(4)	(5)
$lnimport\_t$	0.0209*** (64.21)				

续表

变量	(1)	(2)	(3)	(4)	(5)
$\ln Tech^{spill}$		0.0018*** (3.49)			0.0012*** (4.67)
$\ln imva$			0.0027*** (6.75)		0.0032*** (7.01)
$quality^{firm}$				0.0379*** (12.87)	0.0481*** (14.91)
lnage	0.0080*** (9.13)	0.0052*** (6.34)	0.0049*** (6.49)	0.0052*** (6.87)	0.0057*** (7.05)
jiagong	-0.0365*** (-31.20)	-0.0123*** (-10.92)	-0.0131*** (-12.34)	-0.0010*** (-9.20)	-0.0098*** (-8.38)
lnscale	0.0123*** (143.50)	0.1231*** (143.91)	0.1252*** (159.62)	0.1247*** (156.74)	0.1249*** (145.63)
herfind	-0.5171** (-2.40)	-0.7920** (-2.42)	-0.8019** (-2.56)	-0.7317** (-2.33)	-0.8919*** (-2.71)
finance	-0.0002** (-2.51)	-0.0002*** (-3.79)	-0.0002*** (-2.85)	-0.0002** (-2.46)	-0.0002** (-2.57)
soe	-0.0780*** (-21.01)	-0.0334*** (-10.93)	-0.0309*** (-10.87)	-0.0310*** (-10.89)	-0.0328*** (-10.74)
foreign	0.0378*** (26.40)	0.0063*** (4.73)	0.0030** (2.31)	0.0067*** (5.41)	0.0038*** (2.70)
dex	-0.0114*** (-6.59)	-0.0353*** (-24.41)	-0.0346*** (-25.63)	-0.0321*** (-24.04)	-0.0353*** (-23.93)
常数	1.4201*** (90.31)	0.3132 (1.52)	0.4834* (1.76)	0.4491 (0.44)	0.2964 (0.35)
行业效应	是	是	是	是	是
省份效应	是	是	是	是	是
年份效应	是	是	是	是	是
观察值	170236	147426	170431	170431	147426
R^2	0.188	0.497	0.498	0.478	0.496

注：***、**和*分别表示1%、5%和10%的显著性水平，括号中的数字为t值，采用聚类稳健性标准误。

通过对已有文献的梳理和总结，本章将投入品进口对企业生产率的影响机制概括为产品技术溢出效应、产品种类效应、产品质量效应三个方面。第一，产品技术溢出效应，也叫作学习效应，是指企业通过参与全球专业化分工，使用处于世界知识和技术前沿的国外投入品，并从中学习新知识和先进技术，促进企业改善生产活动提高自身生产效率。第二，产品种类效应。一方面，由于企业进口的投入品和国内投入品具有不完全替代性，进口投入品种类的增加能够促使企业生产过程中投入品种类增加，进而促进企业生产的最终产品种类增加，而最终产品种类的增加是企业技术进步的一个重要体现；另一方面，进口的投入品往往比国内投入品价格更低，国外多种多样投入品的引入加剧了国内市场的竞争，因此，投入品进口会通过竞争效应导致国内投入品价格降低，进而降低企业生产成本，企业有更充足的资金用于企业生产活动的改善及其产品质量升级。第三，产品质量效应。生产高质量的产品需要投入高质量的投入品，企业进口的投入品是国外企业的研发投入和高技术水平的体现，这些产品往往代表着更高的质量水平，而更高的质量水平投入品的使用能够促进企业最终产品质量的提升。特别是对于发展中国家来说，企业进口高质量的投入品是生产能力提升的有效途径。下面将进口的作用机制产品技术溢出效应、产品种类效应和产品质量效应进行量化并加入模型，以考察进口对企业生产率的影响途径。

检验结果如表4.1中第（2）~第（5）列，进口产品技术溢出、进口产品种类、进口产品质量的回归系数均显著为正，且都通过1%的显著性水平检验，表明进口产品通过技术溢出、产品种类及产品质量显著提高了企业的生产率。一个需要重视的估计结果是，表4.1中第（5）列，在将产品技术溢出、产品种类、产品质量一起加入模型中进行检验时，产品质量的影响系数为0.0481、产品种类的影响系数为0.0032、产品技术溢出的影响系数为0.0012，这表明在进口作用企业生产率的三种可能渠道中，产品质量效应起着主导作用。目前，中国制造业在全球价值链分工中的地位较低，如果质量更高的中间产品能提升我国企业生产率或产品质量，会促使我国从一个生产低端廉价产品的国家走向一个生产高技术含量产品的制造业大国。因此,中国企业在进口时应更加注重产品的多元化,尤其是产品的质量,进口高质量的投入品是获得生产率提升的有效途径。

其他控制变量的回归结果显示:所有模型的回归结果均表明,企业的规模、企业年龄与企业生产率之间存在显著为正的相关关系,表明企业规模扩大、企业年龄增长能够促进企业生产率的提升;而企业出口密集度、融资约束、反映企业市场集中度的赫芬达尔指数与企业生产率之间存在显著负相关关系,表明出口强度的增加及融资约束增强、市场集中度越高抑制了企业生产率的提高;国有企业及外资企业的虚拟变量显示,国有企业的生产率显著低于一般企业的生产率,而外资企业的生产率显著高于一般企业的生产率;加工贸易虚拟变量检验结果显示,加工贸易企业的生产率显著低于一般企业的生产率。

(二)稳健性检验

1. TFP 换指标

研究结论成立的关键在于企业全要素生产率的测算方法是否准确,因此使用 OP 法测算的企业全要素生产率替换 LP 法测算的全要素生产率对本章的回归模型再做一次检验。所得出的结论与本章相比,虽然影响系数和标准误略有改变,但并未发生本质性的变化,由此可以进一步确认本章研究结论所具有的稳健性和可靠性,具体检验结果请见附录。

2. 换估计方法

(1) GMM 估计。在前面的基准回归中,尽管本章在基准回归模型中将与企业异质特征相关的一些变量及所有制特征、地区特征、行业特征、时间特征等固定效应特征进行了控制,但是 OLS 方法未考虑到企业不可观测的异质性特征,企业的不可观测的异质性特征会导致解释变量和误差项相关而产生内生性问题,此时 OLS 估计结果不满足一致性。

此外,进口企业相对于非进口企业可能在进口前生产效率就高,生产效率高的企业更倾向于进口(自我选择效应),因此企业进口的中间产品也是内生的（因变量与自变量间存在联动因果关系），那么在这种情况下，OLS 估计不再是无偏有效估计。为此，本章使用 GMM 估计方法来解决内生性和误差项的结构问题，对本章的计量模型再作一次估计，具体结果如表 4.2 所示。可见各计量模型均通过了过度识别检验（Sargan – Hansen 检验）和 AR（2）检验，且本章重点关注的变量和各控制变量与 OLS 方法得出的结果基本一致，这些变量的稳健性结果说明本章研究的可靠性。

表 4.2　进口对企业生产率影响效应的稳健性检验结果（GMM 方法）

变量	(1)	(2)	(3)	(4)	(5)
$L.\ln TFP$	0.2375 *** (25.31)	0.2317 *** (24.10)	0.2143 *** (7.90)	0.2341 *** (8.62)	0.2367 *** (24.64)
$\ln import\_t$	0.0026 *** (5.93)				
$\ln Tech^{spill}$		0.0012 *** (2.79)			0.0029 *** (3.88)
$\ln imva$			0.0039 *** (6.40)		0.0045 *** (6.23)
$quality^{firm}$				0.0849 *** (11.41)	0.0989 *** (11.59)
$\ln age$	0.0069 *** (5.26)	0.0045 *** (2.90)	0.0041 *** (2.90)	0.0039 *** (2.79)	0.0038 ** (2.48)
$\ln size$	0.1004 *** (75.07)	0.0333 *** (31.81)	0.0352 *** (35.79)	0.0363 *** (36.92)	0.0370 *** (34.31)
$jiagong$	-0.0093 *** (-7.71)	-0.0100 *** (-7.45)	-0.0104 *** (-8.20)	-0.0063 *** (-4.99)	-0.0063 *** (-4.82)
$herfind$	-0.2241 (-0.65)	-0.2759 (-0.78)	-0.2422 (-0.70)	-0.2209 (-0.64)	-0.5408 (-1.56)
$finance$	0.0001 (0.10)	-0.0001 (-0.43)	-0.0005 (-0.05)	-0.0003 (-0.21)	-0.0002 (-0.22)
soe	-0.0119 ** (-2.53)	-0.0001 (-0.43)	-0.0005 (-0.048)	-0.0003 (-0.21)	-0.0002 (-0.22)

续表

变量	(1)	(2)	(3)	(4)	(5)
$foreign$	0.0081*** (3.96)	0.0102*** (3.99)	0.0066** (2.31)	0.0113*** (4.83)	0.0049* (1.83)
dex	-0.0263*** (-16.61)	-0.0314*** (-16.20)	-0.0313*** (-17.47)	-0.0264*** (-14.69)	-0.0307*** (-15.87)
常数	0.5741*** (17.92)	0.7742*** (18.28)	0.7804*** (19.09)	0.7057*** (16.08)	0.7381*** (16.17)
行业效应	是	是	是	是	是
省份效应	是	是	是	是	是
年份效应	是	是	是	是	是
观察值	57258	49038	57258	57258	48943
AR(2)	0.15	0.62	0.39	0.34	0.24
Hansen	0.65	0.49	0.78	0.42	0.37

注：***、**和*分别表示1%、5%和10%的显著性水平，括号中的数字为t值，在4分位行业水平上进行聚类。

（2）Heckman两步法。企业进口决策是一个选择过程，可能是本身生产效率高的企业才选择进口，即进口企业中存在自我选择效应（Castellani等，2010；Kasahara和Lapham，2013）。进口企业的自我选择效应的存在会产生样本选择偏差，即所选样本不能代表总体，此时OLS估计是有偏的。Heckman两步法主要用于解决实证研究中所获得的数据不能代表研究总体而导致的样本选择问题。如果lambda显著，则说明"是否进口"确实影响了回归结果，即存在自选择问题，用Heckman估计方法有效。如果lambda不显著，则不存在自选择问题。检验结果如表4.3所示，结果显示在进口决定方程中lambda都很显著，表明选择性偏误是存在的，因此采用Heckman两步法来规避选择性偏误非常有必要，且本章重点关注的变量和各控制变量与OLS方法得出的结果基本一致，这些变量的稳健性结果进一步说明本章研究的可靠性。

相关研究发现企业进口行为同时存在自我选择效应和进口学习效应两

种假说（Castellani 等，2010；Kasahara 和 Lapham，2013），究竟是生产率高的企业才选择进口，还是进口促进企业生产率提高，相关研究到目前为止还未形成一致结论。尽管本章在模型中控制了与企业自身特征相关的一系列变量，但是 POLS 方法未考虑进口与企业生产率之间的互为因果关系。进口与企业生产率之间的相关关系不代表因果关系，下面将使用 PSM - DID 方法分别检验自我选择效应及进口学习效应的存在。

表4.3　进口对企业生产率影响效应的稳健性检验结果（Heckman 两步法）

变量	(1)	(2)	(3)	(4)	(5)
$lnimport\_t$	0.0038*** (24.31)				
$lnTech^{spill}$		0.0016*** (10.50)			0.0021*** (12.61)
$lnimva$			0.0015*** (5.76)		0.0015*** (5.11)
$quality^{firm}$				0.0265*** (12.91)	0.0351*** (16.12)
$lnage$	0.0152*** (238.01)	0.1521*** (224.19)	0.1379*** (352.11)	0.1387*** (354.57)	0.1359*** (317.62)
$lnsize$	0.0061*** (11.30)	0.0069*** (12.31)	0.0069*** (6.95)	0.0035*** (7.23)	0.0041*** (7.92)
$jiagong$	-0.0008*** (-5.06)	-0.0004*** (-4.91)	-0.0002*** (-3.37)	-0.0002*** (-3.27)	-0.0002*** (-3.07)
$herfind$	-0.0272*** (-13.51)	-0.0287*** (-14.02)	-0.0219*** (-11.48)	-0.0220*** (-11.51)	-0.0229*** (-11.20)
$finance$	0.0008 (0.83)	0.0035*** (3.50)	0.0020** (1.99)	0.0049*** (5.04)	0.0027** (2.50)
soe	-0.0141*** (-18.83)	-0.0137*** (-17.71)	-0.0095*** (-12.92)	-0.0073*** (-9.65)	-0.0071*** (-8.85)
$foreign$	-0.7142*** (-3.22)	-0.6841*** (-3.00)	-0.0003* (-1.90)	-0.0003* (-1.88)	-0.0004** (-2.30)

续表

变量	(1)	(2)	(3)	(4)	(5)
dex	-0.0129*** (-3.87)	-0.1501*** (-42.31)	-0.0197*** (-14.62)	-0.0263*** (-19.73)	-0.0145*** (-15.80)
常数	-0.1031 (-0.69)	-0.0734 (-0.50)	0.7010*** (21.31)	0.6751*** (20.42)	0.6788*** (20.01)
Mills lambda	0.1758*** (45.87)	0.1757*** (45.89)	0.0219*** (22.41)	0.0210*** (21.09)	0.0221*** (21.31)
行业效应	是	是	是	是	是
省份效应	是	是	是	是	是
年份效应	是	是	是	是	是
观察值	1965044	1717665	1965044	1740670	1717665

注：***、**和*分别表示1%、5%和10%的显著性水平，括号中的数字为t值，在4分位行业水平上进行聚类。

（三）进口学习效应因果关系检验

1. 研究方法介绍

本章重点研究的是进口能否提升企业生产率，研究结论成立的关键在于解决进口与企业生产率之间逆向因果关系所产生的内生性。接下来，本章使用Heckman等（1997、1998）提出的倍差匹配方法（即基于倾向得分的倍差匹配，PSM-DID）对本书模型进行回归检验。

用PSM方法将新进口企业与非进口企业进行匹配：设$P(X_i)$表示样本中企业进入处理组的条件概率，则$P(X_i) \equiv \Pr(IM_i = 1 | X_i) = E(IM_i | X_i)$，而企业参与进口活动对其生产率产生的影响如下：

$$\tau|_{IM=1} = E_{P(X_i)}[\tau_{IM=1, P(Xi)} | IM = 1]$$
$$= E_{P(X_i)}[TFP_{i, IM=1, P(Xi)} | IM = 1] - E_{P(Xi)}[TFP_{i, IM=0, P(Xi)} | IM = 1]$$

$$(4-36)$$

其中，IM表示企业是否参与进口活动，$IM=1$表示企业有进口行为，$IM=0$表示企业无进口行为，X表示协变量，τ表示匹配后的新进口企业与非进口企业生产率差值。PSM 方法能成功地为我们找到进口企业的配对对象，估算的 ATT 克服了样本选择偏误，但是它只能控制可观测变量的影响，而现实中难以考虑全部的协变量且存在一些不可观测影响因素。因此，PSM 存在一定的缺陷。PSM–DID 检验方法能通过差分去掉新进口企业和非进口企业之间的共同趋势以消除不可观测影响因素对检验结果造成的偏误，在一定程度上克服 PSM 的缺陷，增加检验结果的稳健性。其估计式如下：

$$\tau^e_{t+,t-} = E(TFP_{i1t+} - TFP_{i1t-} \mid P(X_i), IM_i = 1) - E(TFP_{j0t+} - TFP_{j0t-} \mid P(X_i), IM_i = 0) \quad (4-37)$$

其中，$\tau^e_{t+,t-}$ 为进口行为的平均影响效应（Average Treatment Effects to the Treated, ATT），表示新进口企业与匹配的非进口企业之间因为进口行为差异而产生的企业生产率差异，反映进口行为对企业生产率的影响作用，ATT 检验值是 PSM–DID 方法中衡量反事实作用的关键指标。$E(TFP_{i1t+} - TFP_{i1t-} \mid P(X_i), IM = 1)$ 表示新进口企业在发生进口行为前后的生产率差值，$E(TFP_{j0t+} - TFP_{j0t-} \mid P(X_i), IM = 0)$ 表示与新进口企业匹配的非进口企业在进口企业发生进口行为前后的生产率差值。根据既有的国际贸易理论和相关经验研究，本书选择多个对企业进口决策起着决定性影响的变量作为 PSM 估计协变量，具体指标说明如表 4.4 所示。

表 4.4 协变量选择与说明

变量	名称	变量说明	平均值	标准差
IM	进口状态	新进口企业为 1，非进口企业为 0	0.02	0.14
Y	工业增加值	工业增加值	31212.03	423970.11
P	销售产值	企业销售产值	129103.62	3132152.00
L	企业规模	企业从业人员年平均数	291.95	1292.94
K	固定资产	固定资产净值	49925.26	841934.81
KL	人均资本	固定资产净值与全部职工数的比重	168.70	8713.23
Foreign	外资虚拟变量	外资企业为 1，否则为 0	0.15	0.36
Dex	出口密集度	出口交货值与企业销售产值比重	0.13	0.31
Finance	融资约束	利息支出与固定资产净值的比重	0.11	5.89

注：对进口行为 PSM 估计中的协变量应该为企业进口状态前的变量，为此，本书选取了以上变量的滞后一期作为协变量。

第四章 进口与企业生产率

鉴于不同类型投入品的产品用途、技术含量及产品质量等方面存在着显著差异,因而可能对企业生产率产生差异化影响,本章借鉴张杰等(2015)的研究将企业进口的投入品分为资本货物和中间产品。此外,鉴于不同来源国的产品可能对企业生产率存在差异化影响(Löof 和 Andersson,2010),本章将企业按进口产品来源国进行分组检验,分为从发达国家进口和欠发达国家进口,而且为检验企业是否从知识密集度更高的国家进口相比从其他国家进口具有更高的生产率,还单独研究了从 G7 国家进口对企业生产率的影响。因此,本章将进口企业按照进口产品类型(中间品还是资本品)及进口来源国(发达、欠发达、G7 国家)进行分类,并使用 PSM - DID 方法分别对企业的进口中学习效应进行检验,即检验企业发生进口行为以后,企业生产效率有没有得到提高。如果企业存在显著的进口中学习效应,则可以预测 t 期的进口会对 t 期之后的企业生产率产生正向的促进作用,即 t 期后 TFP 的 ATT 检验值显著为正。

本章对于进口学习效应 PSM - DID 检验的倾向得分估计设立如下 Logit 概率估计模型:

$$\log\left(\frac{\Pr(import_t)}{1 - \Pr(import_t)}\right) = C + Y_{t-1} + L_{t-1} + K_{t-1} + KL_{t-1} + Foreign_{t-1} + Dex_{t-1} + Finace_{t-1} \quad (4-38)$$

其中,$import_t = 1$ 表示企业在 t 期成为新进口者,而 $\Pr(import_t)$ 表示企业成为新进口者的概率值,即进口倾向得分,匹配变量平衡检验结果及匹配效果请见附录。

2. 检验结果

表 4.5 是运用 PSM - DID 方法对进口学习效应的检验结果。本章通过匹配后的 $t+1$ 期、$t+2$ 期新进口企业与非进口企业的生产率之间的差异来检验进口学习效应。具体地,若 $t+1$ 期、$t+2$ 期新进口企业与相匹配的非进口企业的生产率差异通过显著性检验且其差异值大于 $t-1$ 期、$t-2$ 期两者之间的生产率差异,则说明新进口企业从进口中获得进口学习效应。总体上,$t-2$ 期潜在的新进口企业与相匹配的非进口企业之间的 ATT 检验值

为 0.2110，$t-1$ 期检验值为 0.2256，成为新进口者后，t 期、$t+1$ 期、$t+2$ 期的 ATT 检验值分别为 0.2651、0.2875、0.3567，这些数值逐渐增大，且都通过 1% 水平的显著性检验，结果表明，进口学习效应在我国进口企业中是显著存在的，随着时间的增加进口学习效应逐渐加强。图 4.1 和图 4.2 更为直观地展现出 PSM-DID 的估计结果。

表 4.5 进口学习效应的 PSM-DID 检验结果

	新进口企业	中间品	资本品	发达国家	G7 国家	欠发达国家
TFP_{t-2}	0.2110*** (16.64)	0.2170*** (19.80)	0.3218*** (16.72)	0.2172*** (17.14)	0.3471*** (7.38)	0.1541*** (19.64)
TFP_{t-1}	0.2256*** (20.63)	0.2277*** (23.38)	0.3291*** (16.75)	0.2289*** (21.31)	0.3709*** (6.80)	0.1569*** (23.24)
TFP_t	0.2651*** (21.94)	0.2583*** (25.60)	0.3421*** (12.80)	0.2626*** (23.06)	0.4213*** (8.92)	0.1532*** (19.05)
TFP_{t+1}	0.2875*** (20.87)	0.2784*** (23.83)	0.4169*** (11.48)	0.2827*** (21.79)	0.4481*** (9.08)	0.1604*** (20.64)
TFP_{t+2}	0.3567*** (23.48)	0.3322*** (25.32)	0.4609*** (15.19)	0.3393*** (24.34)	0.4863*** (13.18)	0.2097*** (20.23)

注：本书匹配方式是采用最近邻 1∶2 匹配。***表示 1% 的显著性水平。括号中数字为 t 值。

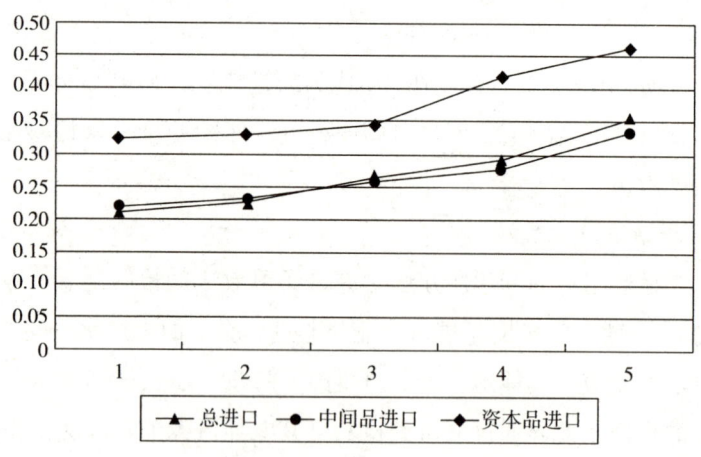

图 4.1 不同进口类型进口学习效应检验

资料来源：根据中国海关进出口数据整理而得。

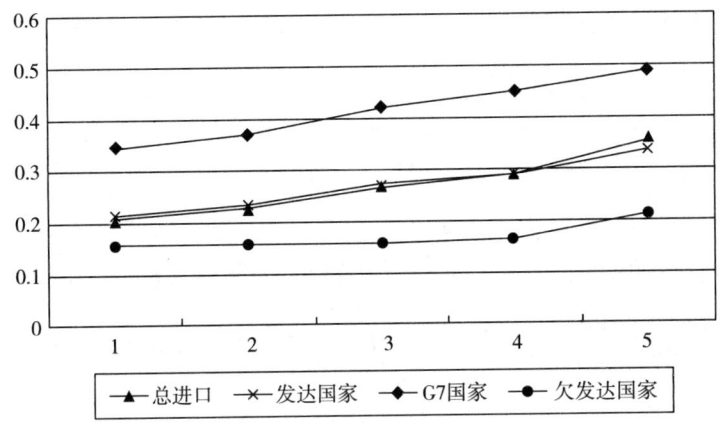

图 4.2　不同来源国进口学习效应检验

资料来源：根据中国海关进出口数据整理而得。

由图 4.1 可知，企业成为新进口企业后，其生产率与之相匹配的非进口企业之间的生产率差异显著提高，从而证实了进口学习效应的存在。如果将企业进口的产品进行分类，新进口中间产品企业 t 期、$t+1$ 期、$t+2$ 期的 ATT 检验值分别为 0.2583、0.2784、0.3322，而新进口资本货物企业 t 期、$t+1$ 期、$t+2$ 期的 ATT 检验值分别为 0.3421、0.4169、0.4609，说明进口资本货物的进口学习效应要比进口中间品的进口学习效应更强。如果将企业按进口来源国进行分类，中国企业的进口学习效应主要来源于发达国家，尤其是从 G7 国家进口的学习效应表现最突出，其 t 期、$t+1$ 期、$t+2$ 期的 ATT 检验值分别为 0.4213、0.4481、0.4863；而从欠发达国家进口的学效应效果不明显（见图 4.2）。

（四）自我选择效应因果关系检验

进口的自我选择效应检验与进口学习效应检验存在一定的差异。在进口学习效应检验中，企业进口前的协变量容易加以控制，进而非常方便、直观地观测到进口企业的进口学习效应。而在检测进口企业的自我选择效应时，由于生产率对企业进口的影响必须发生在进口之间，因此对于协变量的选取存在一定难度,借鉴 Bernard 和 Jensen (1999) 比较新进口企业和非新进口企业在 $t-3$ 期生产率的差异。并将新进口企业定义为在 $t-3$ 期至 $t-1$ 期都没有发生进口行为,而在第 t 期开始进口的企业。本章借鉴邱斌等 (2012)、Eliasson 等 (2012) 的方法,将协变量选取时间推到 $t-3$ 期,然后观测匹配后新进口企业与非进口企业在 $t-2$ 期、$t-1$ 期生产率上的差异,进而检验自我选择效应是否存在。具体检验模型设定形式如下:

$$\log\left(\frac{\Pr(import_t)}{1-\Pr(import_t)}\right) = C + Y_{t-3} + L_{t-3} + K_{t-3} + KL_{t-3} + Foreign_{t-3} + Dex_{t-3} + Finace_{t-3} \tag{4-39}$$

与进口学习效应检验不同,进口的自我选择效应倾向得分估计的协变量选择了滞后 3 期的变量,即选择了滞后 3 期的工业增加值、销售产值、就业人数、固定资产净值、人均资本、外资虚拟变量、出口密集度、融资约束作为协变量。对于进口的自我选择效应,在限定了 $t-1$ 期、$t-2$ 期、$t-3$ 期非进口,而进口影响因素发生在 t 期的条件下,如果 t 期的新进口企业在 $t-1$ 期、$t-2$ 期的生产率显著高于在 t 期相匹配的非进口企业在 $t-1$ 期、$t-2$ 期的生产率,即潜在进口企业与相匹配的非进口企业在 $t-1$ 期、$t-2$ 期的生产率存在显著差异,则说明新进口企业存在自选择效应。具体检验结果如表 4.6 所示。

表 4.6 是运用 PSM-DID 方法对自我选择效应的检验结果。本章通过匹配后的 $t-1$ 期、$t-2$ 期新进口企业与非进口企业的生产率之间的差异来检验自我选择效应。具体地,总体上,$t-2$ 期潜在的新进口企业与相匹配的非进口企业之间的 ATT 检验值为 0.2152,$t-1$ 期 ATT 检验值为 0.2598,成为新进口者后 t 期的 ATT 检验值为 0.2779,且均通过 1% 水平的显著性检验,这说明中国制造业进口企业存在显著的自我选择效应,这与康志勇 (2016) 得出的结论相一致。成为新进口者后 $t+1$ 期、$t+2$ 期的 ATT 检验值分别为 0.2634、0.2881,ATT 检测值逐渐增大,且都通过 1% 水平的显著性检验,进一步说明,自我选择效应在我国进口企业中是显著存在的,随着时间的增加自我选择效应逐渐加强。图 4.3 和图 4.4 更为直观地

展现出 PSM – DID 估计结果。

表4.6 自我选择效应的 PSM – DID 检验结果

	新进口企业	中间品	资本品	发达国家	G7 国家	欠发达国家
TFP_{t-2}	0.2152*** (14.67)	0.1664*** (16.31)	0.0957*** (13.78)	0.1620*** (16.72)	0.3086*** (5.75)	0.1042*** (15.92)
TFP_{t-1}	0.2598*** (22.48)	0.1983*** (23.64)	0.0971*** (16.75)	0.2013*** (23.35)	0.3734*** (10.36)	0.1088*** (21.22)
TFP_t	0.2779*** (21.94)	0.1914*** (23.01)	0.0741*** (12.80)	0.1961*** (24.29)	0.4199*** (5.67)	0.0784*** (20.20)
TFP_{t+1}	0.2634*** (19.18)	0.2289*** (20.83)	0.0722*** (11.48)	0.2281*** (20.03)	0.4569*** (6.48)	0.0967*** (12.47)
TFP_{t+2}	0.2881*** (24.31)	0.2767*** (22.36)	0.1163*** (15.19)	0.2794*** (24.27)	0.4750*** (14.00)	0.1486*** (14.95)

注：采用最近邻1:2匹配。***表示1%的显著性水平。括号中数字为t值。

由图4.3可知，企业成为新进口企业后，其生产率和与之相匹配的非进口企业之间的生产率差异也显著提高，从而证实了进口企业中自我选择效应的存在。如果将企业进口的产品进行分类，新进口中间产品企业 $t-2$ 期、$t-1$ 期、t 期的 ATT 检验值分别为 0.1664、0.1983、0.1914，而新进口资本货物企业 $t-2$ 期、$t-1$ 期、t 期的 ATT 检验值分别为 0.0957、0.0971、0.0741，这说明进口资本货物的自我选择效应要比进口中间品的自我选择效应要弱。可能的原因在于，机器、生产设备等资本品虽能够显著地提升企业的生产效率，但是对于生产效率本身就很高的企业就不需要引进机器设备改进生产效率，而是需要参与到国际市场上去引进生产成本更低的投入品来节约生产成本，或者借助多样化的投入品促进自身多样化生产。如果将企业按进口来源国进行分类，本书进一步发现，偏好从发达国家进口的企业 $t-2$ 期、$t-1$ 期、t 期的 ATT 检验值分别为 0.1620、0.2013、0.1961；偏好从 G7 国家进口的企业 $t-2$ 期、$t-1$ 期、t 期的 ATT 检验值分别为 0.3086、0.3734、0.4199；偏好从欠发达国家进口的企

业 $t-2$ 期、$t-1$ 期、t 期的 ATT 检验值分别为 0.1042、0.1088、0.0784。这在一定程度上说明，越是生产率高的企业越倾向于从发达国家进口，特别是从 G7 国家进口（见图 4.4）。

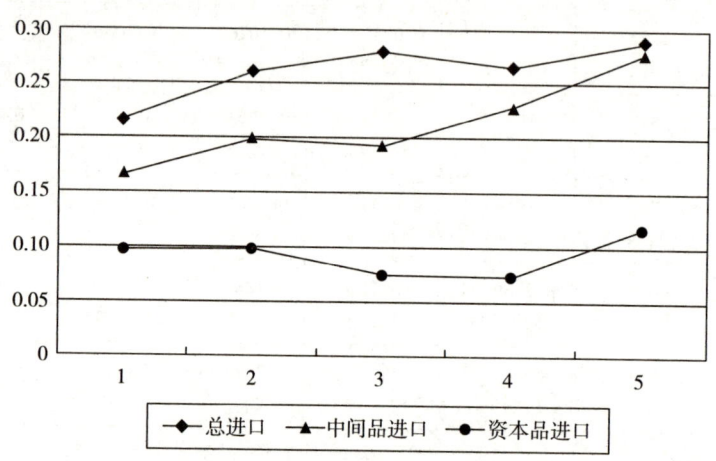

图 4.3 不同进口类型自我选择效应检验

资料来源：根据中国海关进出口数据整理而得。

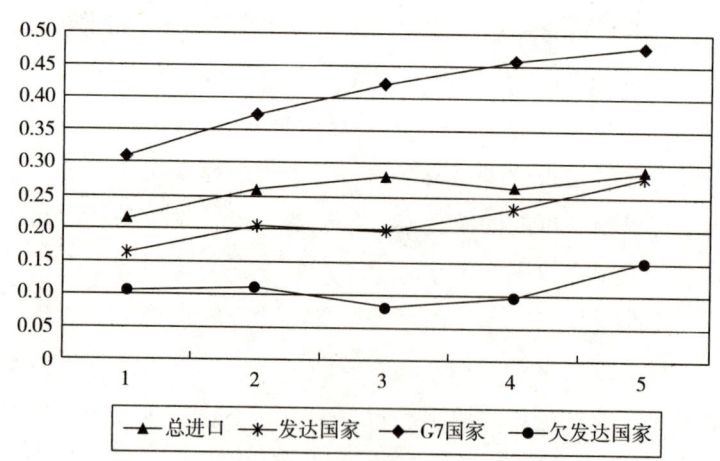

图 4.4 不同来源国自我选择效应检验

资料来源：根据中国海关进出口数据整理而得。

（五）进一步研究

企业因自身在全球价值链中的定位、进口产品的价格、质量及市场供应情况等多种影响因素下，选择的进口来源地及进口产品类型不同。鉴于前文理论及实证检验部分都证实了进口通过产品技术溢出效应、产品种类效应、产品质量效应三条作用渠道影响企业的生产效率，其中以产品质量效应为主导。而不同类型的进口产品或同一类型而不同来源地的进口产品的技术含量及质量水平可能存在显著差异，进而对企业生产率产生差异化影响。因此，进一步就进口对企业生产率的影响做产品异质性检验。

本章考虑到中间产品包含很多种类，不同类型的中间品产品因技术含量及质量水平不同可能对企业生产率产生差异化影响，因此按 BEC 分类标准将中间产品进一步细分划分为三大类①，其中将 111、21、31 归为初级中间产品（impont_m1），将 121、22、322 归为加工型中间产品（import_m2），而将 42、53 归为零配件（import_m3）；因资本货物仅包含两个门类，而且中国企业对 521 运输设备的进口数量很少，因此本章不再对资本货物（import_k）进行分类。检验结果如表 4.7 所示。

检验结果显示：除初级中间产品外，所有进口产品的影响均通过 1% 水平的显著性检验。其中，总的中间产品的影响系数为 0.0146，资本货物的影响系数为 0.0289，说明资本货物的影响效应要强于中间品的影响效应。原因可能是：从进口的产品质量来看，进口资本货物的平均质量为 0.6119，进口中间产品的平均质量为 0.3769，资本货物的质量水平要高于中间品的质量水平②；从进口产品种类来看，进口的中间产品的平均种类为 116 种，进口的资本货物的平均种类为 45 种，进口中间产品的种类远多于资本货物的种类。而根据本章前文理论分析及实证检验可知，进口通过产品种类效应、产品质量效应两条作用渠道影响企业的生产效率的提

---

① BEC 对初级中间产品、加工中间产品及零部件的划分见附录。
② 进口产品质量及进口产品种类的相关数据通过样本数据计算可得，具体明细请见附录。

升，其中又以产品质量效应为主导，与中间品相比，资本货物的质量水平高及拥有的技术含量多，对企业的生产效率促进效应更强。

表4.7 总体贸易情况下不同进口产品类型分类检验结果（POLS方法）

变量	（1）	（2）	（3）	（4）	（5）	（6）
$lnimport\_t$	0.0209*** (64.21)					
$lnimport\_m$		0.0146*** (65.19)				
$lnimport\_m1$			0.0062* (1.79)			
$lnimport\_m2$				0.0107*** (48.58)		
$lnimport\_m3$					0.0154*** (50.73)	
$lnimport\_k$						0.0289*** (34.21)
控制变量	控制	控制	控制	控制	控制	控制
行业效应	是	是	是	是	是	是
省份效应	是	是	是	是	是	是
年份效应	是	是	是	是	是	是
观察值	170236	158856	18636	146786	76996	91487
R^2	0.188	0.305	0.361	0.299	0.328	0.319

注：***、**和*分别表示1%、5%和10%的显著性水平，括号中的数字为t值，在4分位行业水平上进行聚类。控制变量同表4.1。

研究进一步发现，在进口的中间产品中，零配件的影响系数最大为0.0154，其次是加工型中间产品的影响系数为0.0107，且均通过了1%水平的显著性检验；而初级型中间产品的影响系数最小为0.0062，仅通过了10%水平的显著性检验；三种类型的中间产品的影响系数都小于资本货物的影响系数。这说明，资本货物的进口对企业生产率的影响效应最大，其次是零配件和加工型中间产品，而初级中间产品的影响效应有限。这是因为三种类型的中间产品中，零配件的质量水平最高（0.4139）、拥有的技术含量最高，因而对企业生产率的促进作用最强；加工型中间产品因质量水平（0.3739）及技术含量居中而对企业生产率的影响效应居中；而初级型中间产品因其质量水平（0.3565）及技术含量最低且进口产品种类单一（平均种类为3种），所以对企业生产率的促进作用有限。2000~2014年，中国进口产品结构虽然发生了结构性调整（进口产品中初级产品、高技术产品所占比例大幅度增加，说明中国进口政策在结构调整方面取得一定成效），但中国目前的进口结构还很不合理，进口的产品以资源性产品和矿产品等初级型中间产品居多，而且与发达国家进口结构相比，中高技术产品、高技术产品的进口份额仍然偏低（魏浩等，2016）。因此，当前中国政府在调整进口政策时，应引导并鼓励企业进口关键性零配件、高端的设备与高技术产品以加快中国企业技术升级。

五、本章小结

近年来，企业的国际贸易活动和企业生产率之间的关系问题已经成为国际经济领域研究的热点和前沿话题。而在当前全球经济低速增长的新形势下，中国外贸战略重心正逐步由突破出口障碍向扩大进口规模、促进贸易平衡增长的方向转变，因此，充分发挥企业投入品进口对中国企业生产效率提升及产品质量升级具有不可忽视的作用。在此背景下，本章使用2000~2007年中国制造业企业的生产和贸易数据，深入地研究了投入品进口对中国制造业企业生产率的影响效应。

本章的主要结论可以概括为：第一，进口与企业生产率之间存在正向相关关系，进口通过产品技术溢出效应、产品种类效应、产品质量效应三条作用渠道影响企业的生产效率,其中以产品质量效应为主导。第二,在中国进口企业中,自我选择效应和进口中学效应同时存在,生产率较高的企业才会选择进入国际市场进行采购,而企业因为进口又会进一步促进其生产率水平的提升,且随时间的增加,进口学习效应也在逐渐增强。企业对资本品及中间产品的进口都能显著提升企业的生产效率,其中资本品的进口中学效应比中间品的进口中学效应更强、更突出。第三,从分样本的估计结果来看,企业的进口学习效应主要来源于发达国家的进口,尤其从G7国家进口产品的进口学习效应最突出,而从欠发达国家进口产品的进口学习效应有限。第四,如果将中间品和资本品进一步分类,资本品进口对企业生产率的影响作用最大,其次是中间品中零配件和加工型中间品,而初级中间品对企业生产率的影响效应有限。

第五章
进口与企业利润率

据世界贸易组织（WTO）2017年发布的《2016年全球贸易统计报告》显示，2016年，全球货物贸易出口额为15.5万亿美元，进口额为15.8万亿美元；而中国的出口额为2.1万亿美元，占全球份额的13.2%，进口额为1.6万亿美元，占全球份额的10.1%。中国已连续8年保持了全球第一货物贸易出口国和第二大进口国地位。如今贸易自由化及全球经济一体化是当今世界经济的主题，企业开展国际化经营战略是一种必然趋势。但中国企业生产的产品在技术、品牌、质量和售后服务等众多方面与发达国家的企业相比还存在一定的劣势，存在盈利能力的短板（苏振东和洪玉娟，2013）。中国在加入WTO前后，进口关税经历了大幅度的减免，贸易壁垒也逐渐减少，进口自由化能够影响进口产品的相对价格及行业的竞争程度，进而影响企业的生产管理决策及其经营绩效（余淼杰和智琨，2016）。中国企业应该以此为契机，通过进口活动来提高自身生产效率、加速产品质量升级及提升盈利能力。作为企业盈利能力的代表性指标，利润率因直接影响企业的生产经营决策及资源配置情况，属于企业绩效（Firm Performance）的度量指标之一，而且在衡量企业绩效的众多指标中，它还是企业经营者密切关注的指标。尽管进口和企业盈利能力都是具有现实意义的研究话题，但是系统地研究两者关系的文献却较少。

利润率体现了企业的盈利能力，是衡量企业绩效的重要指标之一。但是学术界对企业绩效的相关研究侧重在对企业生产能力即企业生产率的研究，而忽视了对企业盈利能力的研究。这是由于近年发展起来的异质性企业贸易理论中基础性核心模型——Melitz模型和BEJK模型，都将企业生产率作为衡量企业绩效的核心指标，企业异质性是指企业生产率不同。然而，随着这一领域研究的日益深入，学界逐渐认识到无论从理论研究还是实证研究角度来看，使用企业利润率来衡量企业绩效，并进而对企业国际贸易活动与企业绩效之间的潜在关系进行深入探讨更加重要（苏振东和洪玉娟，2013）。这是出于以下几个方面的考虑：

首先，在微观经济学理论及现实经济情况中，企业作出任何经济决策时首要目的是追求利润最大化，即利润率是企业绩效的基础和核心，是企业开展国际化经营战略的基础，因此，研究进口对企业利润率的影响比研究进口对企业生产率的影响更合适。其次，企业生产率仅仅体现了企业内部的生产能力，而企业利润率衡量的是企业盈利能力，两者从不同方面体现着企业的生产经营能力，都是衡量企业绩效的重要指标之一。尽管两者之间存在着显著的正向相关关系，但是生产率不能完全替代利润率。如果忽略了对利润率的研究，会将现实中企业复杂的利润形成机制简化成生产率→利润率的一一对应关系，难以准确揭示企业的进口行为与企业绩效之间的潜在关系。再次，进口企业比非进口企业更具有生产率优势，并不代表进口企业比非进口企业有利润率优势。只有当生产率优势所获得的收益大于因开展进口贸易所付出的额外成本时，企业才可能盈利。最后，在经验分析研究中，大多数国家的企业数据库中很难获取产品层面的价格数据，导致相关研究在计算企业全要素生产率（TFP）时不得不用产品产值来衡量企业的产出水平。因此，行业内部企业间的产品价格差异就被包含在企业的全要素生产率的度量中，致使所得到的企业全要素生产率不能消除产品质量或企业市场势力（通常隐含在产品价格中）因素的影响，很难准确度量出企业实际的技术生产效率（苏振东和洪玉娟，2013）。而基于以上方法得出的企业生产率的相关研究所得出的实证结论的准确性也有待进一步商榷（Katayama等，2003）。

近年来，用工成本及原材料价格上涨、税收增加都困扰着企业的经营状况，而企业对大量原材料的进口在为企业节约生产成本的同时，能否改善企业经营状况，提升企业盈利能力？进口是否越多越好？进口通过何种途径影响企业利润率？此外，由于企业在技术水平、生产效率、人力资本水平等方面均存在明显差异；且企业进口的产品也因产品类型、产品来源国的不同，产品中包含的技术含量、产品质量等方面存在显著差异，那么进口对企业利润率的影响效应是否受企业异质性或产品异质性的影响？迄今为止，鲜有学者对上述问题给予解答。本章着重研究进口与企业利润率之间的关系，可能的边际贡献体现在以下：首先，以往研究并未充分重视到进口对企业盈利能力的影响，本章从企业进口角度出发，采用基于倾向得分匹配的倍差法（PSM-DID）研究进口对企业利润率的影响，为解决中国企业盈利短板问题提供新的解决思路。其次，本章不仅考察了进口对企业利润率的平均影响效应，而且针对企业异质性（企业生产率、企业人力资本水平）及产品异质性（产品进口强度及产品类型）深入考察进口对中国企业利润率的异质性影响。最后，本章通过构建中介效应模型，检验了进口影响企业利润率的传导机制，且在样本选择上，以往相关研究多采用2000～2007年的工业企业和海关数据库合并数据，将数据进行更新，使用2000～2013年的合并数据。本章的研究旨在为我国微观企业提高利润率、提升盈利能力、提供解决路径。

一、理论分析

市场经济下企业生产经营的首要目标是利润最大化。在理论研究中，利润率既能从侧面反映出企业内部的生产经营能力，又能体现出外部市场对其产品的需求水平，因此，企业若想在激烈的市场竞争中维持生存、得以发展以及取胜都必须依赖企业的盈利能力（苏振东和洪玉娟，2013）。

但是进口与企业绩效的相关研究大多以企业生产率作为衡量企业绩效的核心指标，关于进口与企业盈利能力关系的理论研究或实证研究还很鲜少。进口企业比非进口企业更具有生产率优势并不代表进口企业比非进口企业有利润率优势。进口能否提升企业的盈利能力是决定企业内生选择进口的重要因素，而且从一般意义上来讲，企业的盈利能力是企业存活的基础。因此，进口对企业利润率的影响值得我们的关注且作更为深入的研究。通过对相关文献的梳理，本章将进口影响企业利润率的机制概括为以下几个方面：

（一）进口的成本节约效应

企业生产的产品在市场上销售，目的是获得最大利润，而利润的获得是企业的收入减去生产成本，因此，当企业的生产成本降低时，所获取的利润就越多。企业对投入品的进口可以节约企业的生产成本，为企业实现持续经营创造成本优势，提高盈利空间。企业到国际市场上采购投入品能够接触到成本更低的供应商，从而降低了企业的生产成本和价格，这些较低的生产成本反过来促使企业更大规模地运营，进而促使该企业更有可能承受从其他国家采购原材料的固定成本（Fort，2014；Tintelnot，2017）。一方面，较之国内市场，国际市场上的竞争更为激烈，同类产品企业成本加成较低，从国际市场上引进的中间投入品或者资本品的价格可能比国内市场上更低，在一定程度上为企业节约生产成本（Wagner，2013）；另一方面，企业对国外多样化投入品的引入加剧了国内投入品市场上的竞争，通过竞争效应迫使国内同类投入品价格降低（Gibson 和 Graciano，2011；张翊等，2015），进而降低企业的生产成本。

（二）进口的定价能力提高效应

在竞争日益激烈的市场经济体制下，企业必须依靠品种、质量优势提高企业产品定价能力，才能获得经济收益的提高。进口可以提高企业产品定价能力进而增加收益。首先，进口产品种类的增加拓展了企业新产品的生产与销售，进而可以为新产品设定更高的价格以提升企业利润率。企业进口的投入品和国内投入品具有不完全替代性，进口投入品种类的增加丰富了当地企业生产投入的种类（Ethier，1982；Halpern 等，2015），拓展了企业异质性产品的生产与销售，提升了企业盈利能力。Fernandes 和 Paunov（2013）研究发现先进机器设备及进口中间投入品投资的增加在一定程度上促进新产品的产生和企业利润率的提高。其次，企业在生产过程中采用高质量的进口投入品会提升企业自身的产品质量，同时扩大了消费者对产品质量的选择范围，在同等条件下，企业为高质量的产品可以设定更高的价格，进而提升企业盈利能力。生产高质量的产品需要高质量的投入（Kugler 和 Verhoogen，2012；Hallak 和 Sivadasan，2013），企业进口的投入品包含着国外先进的技术水平（Blalock，2007），一般比国内投入品的质量高，因而进口高质量的投入品能提升企业的产品质量。Manova 和 Zhang（2012）认为多产品公司内部不同产品间的质量差异是生产投入品间的质量差异造成的，企业产品质量差异拓展了产品价格范围及消费者选择区间，为企业持续经营创造条件。产品质量越好，企业市场信誉就越高，产品质量是企业立足于市场的根本和保证，也是企业提升盈利能力的关键。

（三）进口的生产率提升效应

企业在生产经营中为得到最大利润，不但要提高资源的优化配置，更需要提高资源的使用率，企业想提高资源使用效应就必须要改进生产技术、加快技术进步，提高自身生产效率。进口能够提升企业生产效率，而生产率体现了企业核心竞争力，在市场选择的理论模型和企业进入和退出的经验研究中都认为，企业利润率与企业生产率是单调正相关关系。近年来，已经有越来越多的研究开始关注进口与企业生产率之间的关系（Amiti 和 Klonings，2007；Topalova 和 Khanelwal，2011；Halpern 等，2015；Yu，2015），尽管衡量方法和具体数值存在差异，但是这些文献基本都支持进口与企业生产率之间的正向相关关系。进口提高了企业生产率，而企业生产率的提高意味着企业核心竞争力的提高，促使企业在市场上占有更大的市场份额，进而促进企业利润率的提高。

（四）进口的出口引致效应

众多学者的研究认为企业出口与企业进口之间具有高度相关性。企业进口可以引致出口或扩大出口企业多样化生产范围，进而为企业谋取更多利润。Chevassus – Lozza 等（2013）、Kasahara 和 Lapham（2013）、Bas 和 Strauss – Kahn（2014）等研究了中间品进口如何影响了企业的出口决策；国内相关研究有，田巍和余淼杰（2013）研究了中间品贸易自由化对企业出口强度的影响；Feng 等（2017）检验了企业进口对企业出口范围的影响；Fan（2015）评估了企业进口对企业出口价格的影响；许家云等（2017）研究了中间品进口对出口产品质量升级的影响。企业从事出口贸易后，一方面面对消费者和产品需求更加多样化，市场份额扩大，获利增加。另一方面减少了因政变、自然因素等不可抗力给企业经营和破产带来的影响，因而能够充分获取出口贸易所带来的收益。而 Wanger（2014）用德国制造业企业数据将企业划分为仅出口企业、仅进口企业、进出口双向贸易企业三类研究企业参与贸易活动对企业利润率的影响，发现企业参与贸易活动对企业利润率没有显著性影响，这意味着参与贸易活动的企业生产率优势恰好与企业付出的额外成本相抵销。

二、数据处理及研究方法

（一）数据处理

本章数据来源于 2000~2013 年中国工业企业和海关贸易统计库的合

并数据。本章综合 Feenstra 等（2014）、张杰等（2015）及于娇等（2015）的处理方法，将样本做了以下筛选：①删除成立时间无效的企业；②删除流动资产、固定资产总计、固定资产净值大于企业总资产的企业；③删除主要财务指标缺失的企业；④删除就业人数小于 8 的企业；⑤删除同一年出现一次以上及无法识别编号的企业。本章使用的第二套数据来自中国海关总署的产品层面交易数据。本章对企业每年进口数据进行加总处理，即将企业进口数据加总为企业每年的年度数据，参照余淼杰等（2015），采用两种方式合并两套数据，根据企业的名称匹配及通过企业邮政编码和最后 7 位电话号码进行匹配，为保证匹配样本中尽可能包括更多企业，本章同时使用以上两种匹配方法，只要企业可以通过其中任何一种方法成功匹配，就将其纳入观测样本中。

（二）研究方法

本章旨在探究进口对企业盈利能力的影响，即揭示企业进口行为能否带给企业更强的盈利能力（中国进口企业是否存在利润率溢价）。然而，企业进口行为并不是随机分布的，而是企业自我选择的结果（Kasahara 和 Lapham，2013；张杰，2015 等；Benard，2016），企业是否参与进口活动由企业的生产率等外部因素决定，然而这些外部影响因素在决定企业是否参与进口的同时也影响了企业的盈利能力。如果采用普通的 OLS 方法进行估计会产生样本选择性偏差及混合性偏差问题。为规避偏差问题的产生以得到更为可靠的估计结果，本书采用基于倾向得分匹配的倍差法（PSM - DID）进行研究。

1. 数据匹配：基于倾向得分匹配方法（PSM）

首先，根据企业是否参与进口活动将样本划分为实验组（Treated Group，企业进口价值量大于 0 的进口企业）和控制组（Control Group，企业进口价值量为 0 的非进口企业）两类。为了便于描述，本章定义一个二元虚拟变量 $IM_{it} \in \{0, 1\}$，当企业 i 在 t 时期为进口企业时，IM_{it} 取值为 1，而当企业 i 在 t 时期为非进口企业时，IM_{it} 取值为 0。此外，还需设定一个关于时间的二元虚拟变量 $After_i = \{0, 1\}$，其中 $After = 0$ 表示企业发生进口行为前，而 $After = 1$ 表示企业发生进口行为后。其次，定义 $profit_{it}$ 为企业 i 在 t 时期的利润率①，这是本章关注的结果变量，借鉴余森杰和智琨（2016）的处理方法，将企业利润率设定为营业利润与产品销售收入之比。进一步地，将进口企业在 $After = 0$ 和 $After = 1$ 两个时期的盈利能力变化量表示为 $\Delta profit_{it}^1$，而把非进口企业在 $After = 0$ 和 $After = 1$ 两个时期的盈利能力变化量表示为 $\Delta profit_{it}^0$。由此可得，企业 i 在发生进口行为和如果没有发生进口行为两种状态下的盈利能力差异，即进口的平均效应（Average Treatment Effect on the Treated, ATT）可以定义为：

$$\pi = E(\pi_i \mid IM_i = 1) = E(\Delta profit_{it}^1 \mid IM_i = 1) - E(\Delta profit_{it}^0 \mid IM_i = 1) \quad (5-1)$$

下面，本章将采用最近邻匹配法为实验组（即进口企业）配对相近的控制组（即非进口企业）。在匹配前选择哪些变量作为实验组和控制组的匹配变量是使用 PSM 方法的难点所在，因为匹配变量数目太多容易产生变量维度"诅咒"，而选择匹配变量太少则会造成匹配效果不好，选择不出合适的控制组。本章借鉴于娇等（2015）、Rosenbaum 和 Rubin（1985）所提出的 PSM 方法来降低精确匹配存在的高维度问题。根据相关研究，选取的匹配变量有劳动生产率（Turco 和 Magioni, 2013；苏振东和洪玉娟, 2013）、企业规模（Eliasson 等, 2012）、企业年龄（于娇等, 2015）、融资约束（MacGarvie, 2006）、工资水平（于娇等, 2015）、出口强度等匹

---

① 企业利润率主要有下列四种形式：一是成本利润率。一定时期的产品销售利润对产品销售成本的比率。在一定时期内企业的产品成本越低，利润越多，成本利润率也就越高。这个指标可以直接表明降低成本的经济效果，是制订新产品价格的重要依据。二是产值利润率。一定时期的利润总额或产品销售利润对产品产值或商品产值的比率。这个指标表明企业在一定时期完成的工作量所取得的经济效果，一般用来测算企业的计划利润。三是销售利润率。一定时期的产品销售利润对产品销售收入的比率。这个指标与成本利润率具有相同作用，在实际工作中也可用来测算计划利润额。四是资金利润率。一定时期的利润总额对企业全部资金（固定资金和流动资金）平均占用额的比率。在价格稳定的条件下，它的高低既取决于生产量和销售量的多少以及产品成本的升降，又取决于固定资金和流动资金占用量的大小。它不仅可以通过利润从反面来衡量成本，间接地反映资金耗用的经济效果，而且能够直接地反映资金占用的经济效果，比较全面地表明企业经营的管理水平。因此，资金利润率是一个具有高度综合性的指标。本书采用了销售利润率作为主要解释变量，而采用其他形式的利润率作稳健性检验。

配变量,同时控制了企业所有制、行业、地区及年份(Du 等,2012)等异质性特征,具体定义形式如表 5.1 所示。

表 5.1 匹配变量的定义与测度

变量	定义	数据形式	测度方法
lnLP	劳动生产率	对数形式	产品总产值/从业人数
age	企业年龄	原值形式	用当年年份与企业开业年份的差值
lnscale	企业规模	对数形式	用从业人员数取对数衡量
wage	工资水平	比值	用工资薪酬与企业员工数量比值
soe	国有企业	0-1 值	国有企业为 1,其他为 0
foreign	外资企业	0-1 值	外资企业为 1,其他为 0
herfind	赫芬达尔指数	比值	用 2 位码行业中企业市场占有率的平方和表示
dex	企业出口强度	比值	企业当年出口交货值/企业当年销售产值
finance	融资约束	比值	利息与企业固定资产的比率表示

注:采用最近邻 1∶2 匹配。

继而,构建以下 Logistic 计量回归模型:

$$P = \Pr\{IM_{it} = 1\} = \Phi\{X_{it-1}\} \tag{5-2}$$

对式(5-2)进行 Logit 估计可以得到企业的倾向得分(PS 值),将实验组和控制组的概率预测值(或倾向得分)分别表示为 $\hat{P}_i$ 和 $\hat{P}_j$。进而,可以用下面的式子表示最近邻匹配原则:

$$\Omega(i) = \min \| \hat{P}_i - \hat{P}_j \|, j \in (IM = 0) \tag{5-3}$$

其中,$\Omega(i)$ 表示与实验组企业(进口企业)相对应的来自控制组企业(非进口企业)的匹配集合。需要具体说明的是本章以最近邻 1∶2 匹配搜寻与进口企业 PS 值最为接近的非进口企业。

通过敏感性分析及平衡性检验后发现本章的匹配效果良好,匹配后的标准偏差明显变小,匹配效果如表 5.2 和图 5.1 所示。其中表 5.2 为匹配平衡性检验,匹配变量的各项指标经匹配后控制组和实验组的均值非常接近,以劳动生产率(lnLP)为例,匹配前控制组为 4.5438,而匹配后为 5.137，显著缩小了与实验组 5.1505 的差异，表明匹配结果可靠。依据 Rosenbaum 和 Rubin（1985）提出的当匹配变量标准差的绝对值小于 20% 时，表示匹配效果良好，经匹配后，进口与非进口企业的劳动生产率、企业年龄、工资水平、出口强度、融资约束、企业所有制性质及赫芬达尔指数的标准偏差绝对值均显著小于 5%，由此可以判定匹配变量选取方法恰当、设定合理。图 5.1 更加直观地显示了匹配效果，匹配结果较好。

表 5.2 匹配平衡性检验

变量	样本	均值		标准偏差（%）	标准偏差减少幅度（%）
		实验组	控制组		
lnLP	匹配前	5.1505	4.5438	54.1	97.8
	匹配后	5.1505	5.1370	1.2	
age	匹配前	11.778	9.6568	28.1	88.9
	匹配后	11.778	12.013	-3.1	
lnscale	匹配前	6.1435	5.6558	58.5	97.9
	匹配后	6.1435	6.1335	1.2	
wage	匹配前	151.8	65.675	5.9	59.7
	匹配后	151.8	117.1	2.4	
finance	匹配前	0.04168	0.0693	-1.5	40.1
	匹配后	0.04168	0.05822	-0.9	
dex	匹配前	0.39068	0.06393	101.8	99.0
	匹配后	0.39068	0.3941	-1.1	
herfind	匹配前	0.0148	0.01131	14.4	73.0
	匹配后	0.0148	0.01575	-3.9	
soe	匹配前	0.00668	0.01946	-11.3	83.7
	匹配后	0.00668	0.0876	-1.8	
foreign	匹配前	0.65028	0.09216	141.5	98.1
	匹配后	0.65028	0.63983	2.7	

资料来源：根据中国海关进出口数据整理而得。

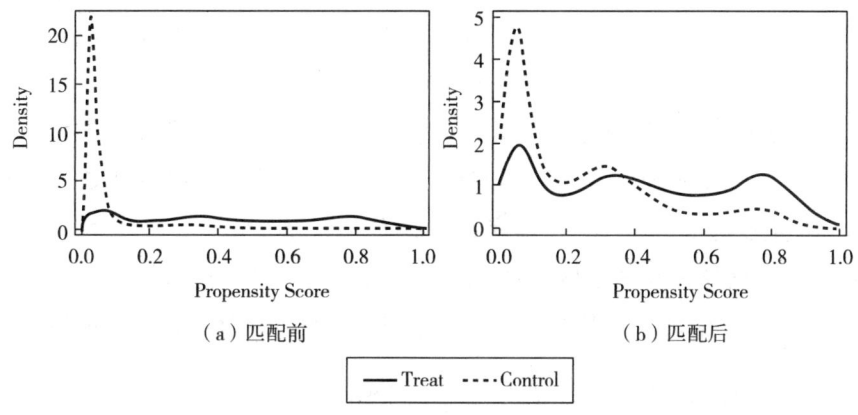

图 5.1　PSM 匹配效果分析

资料来源：根据中国海关进出口数据整理而得。

2. 倍差法（DID）

虽然 PSM 方法在一定程度上克服了可观测变量的样本选择偏差问题，但是仍然无法解决因不可观测因素产生的隐性偏差（HiddenBias），因此接下来使用倍差法进一步消除不可观测因素产生的偏误。通过最近邻匹配之后，与实验组企业相匹配的控制组企业的盈利能力的变化量 $E(\Delta profit_{it}^{0} | IM_i = 0, i \in \Omega(i))$ 就可以被 $E(\Delta profit_{it}^{0} | IM_i = 1)$ 较好地替代。因此式（5-1）转化为：

$$\pi = E(\pi_i | IM_i = 1) = E(\Delta profit_{it}^{1} | IM_i = 1) - E(\Delta profit_{it}^{0} | IM_i = 0, i \in \Omega(i)) \qquad (5-4)$$

而式（5-4）的一个等价式可以表示为：

$$profit_{it} = \alpha + \beta_1 IM_{it} + \beta_2 After_{it} + \delta IM_{it} \times After_{it} + \varepsilon_{it} \qquad (5-5)$$

在式（5-5）的基础上，进一步引入影响企业盈利能力 profit 的其他控制变量集合 $\vec{Z}_{it}$ 以降低内生性的干扰。依据既有的相关研究，选取的控制变量包括企业生产率（lnLP），用劳动生产率取对数表示，劳动生产率为企业总产出与企业从业人员数比值；企业规模（scale），用从业人员数取对数衡量；企业年龄（age），用当年年份与企业开业年份的差取对数衡量;出口强度(dex),用企业出口交货值与企业销售额的比值表示。此外,还加入反映企业所有制特征的国有企业虚拟变量(soe)和外资企业虚拟变量(foreign);赫芬达尔指数(herfind),用来反映企业竞争程度,采用2位码行业中企业市场占有率的平方和的对数值表示;政府补贴(subsidy),若企业补贴值大于0,则定义 subsidy = 1,反之为0;融资约束(finance),利息与企业固定资产的比值表示;年份、省份、行业虚拟变量。在式(5-5)中加入控制变量集合可以进一步得到完整的倍差法模型为:

$$profit_{it} = \alpha + \beta_1 IM_{it} + \beta_2 After_{it} + \delta IM_{it} \times After_{it} + \vec{\gamma} Z_{it} + \varepsilon_{it} \qquad (5-6)$$

三、估计结果与分析

(一)基准回归结果

通过对样本进行匹配之后,本章对基准模型(5-6)进行估计,结果如表5.3所示。在第(1)列中仅加入控制变量,而未控制行业、省份及时间固定效应,结果显示,交叉项 $im \times After$ 的估计系数显著为正,系数大小为0.0022,这初步表明进口在总体上能够显著地提升企业的利润率。在第(2)列加入全部控制变量及行业、省份及时间固定效应后,发现交叉项 $im \times After$ 的估计系数为0.0018,虽然系数略微变小,但是依然通过了1%水平的显著性检验,再次证明了进口提升企业利润率的重要性。鉴于"两头在外"的加工贸易是一种非常特殊的贸易形式,可能对本章的研究结果造成影响,进一步剔除了样本中的加工贸易企业对基本模型重新做了估计,估计结果如表5.3中的第(3)列和第(4)列所示,在剔除加工贸易企业后,交叉项 $im \times After$ 的估计系数有变大趋势为0.0027,且通过1%水平的显著性检验,说明针对基准模型的回归结果非常稳健,而且进口对非加工贸易企业（其中绝大多数为一般贸易企业）利润率的提升作用相对更强。

表5.3 进口与企业利润率的基准检验结果

变量	总体情况		排除加工贸易	
	(1)	(2)	(3)	(4)
im	-0.0058***	-0.0045***	-0.0047***	-0.0046***
	(-10.36)	(-8.76)	(-7.53)	(-7.47)
$After$	-0.0018***	-0.0010***	-0.0017***	-0.0016***
	(-10.23)	(-4.48)	(-7.57)	(-7.95)
$im \times After$	0.0022***	0.0018***	0.0027***	0.0029***
	(5.20)	(2.63)	(3.86)	(3.82)
$\ln LP$	0.0214***	0.0216***	0.0314***	0.0312***
	(74.82)	(79.50)	(69.34)	(76.57)
$\ln age$	0.0015***	0.0016***	0.0014***	0.0014***
	(44.42)	(49.40)	(39.24)	(39.27)
dex	-0.0302***	-0.0241***	-0.0267***	-0.0266***
	(-122.9)	(-93.41)	(-95.13)	(-95.17)
soe	-0.0127***	-0.0177***	-0.0115***	-0.0115***
	(-35.25)	(-48.45)	(-31.40)	(-31.49)
$foreign$	0.0014***	0.0021***	0.000***	0.0005***
	(7.04)	(10.35)	(2.49)	(2.37)
$\ln scale$	0.0036***	0.0038***	0.0040***	0.0040***
	(42.62)	(44.40)	(42.35)	(42.27)
$wage$	0.0000***	0.0000***	0.0000***	0.0000***
	(3.27)	(3.27)	(3.09)	(3.11)
$subsidy$	-0.0029***	-0.0035***	-0.0075***	-0.0073***
	(-12.00)	(-14.18)	(-27.52)	(-26.99)
$finance$	-0.0000	0.0000	-0.0000	-0.0000
	(-0.39)	(0.06)	(-0.26)	(-0.23)
$herfind$	0.0407***	0.0378***	0.0456***	0.0437***
	(14.53)	(15.57)	(15.48)	(15.40)
$\_cons$	-0.0407***	1.1120***	0.0393***	1.0390***
	(-79.03)	(10.18)	(69.40)	(18.34)

续表

变量	总体情况		排除加工贸易	
	(1)	(2)	(3)	(4)
行业效应	否	是	否	是
省份效应	否	是	否	是
年份效应	否	是	否	是
R^2	0.0181	0.0410	0.0146	0.0327
观察值	1275070	1275070	1053715	1046151

注：***、**和*分别表示1%、5%和10%的显著性水平，括号中的数字为t值，在4分位行业水平上进行聚类。

控制变量的回归结果表明：在所有的估计模型中，企业生产率、企业年龄、企业的规模、企业工资水平、赫芬达尔指数与企业的利润率呈现显著正向相关关系，表明企业生产率越高，年龄增加，规模扩大，企业工资水平越高、市场越集中，越有利于企业利润率的提升；而政府补贴、出口强度与企业利润率存在显著负相关关系，表明出口强度越大、政府补贴反而降低了企业的利润率；融资约束的相关系数未通过显著性检验；国有企业及外资企业的虚拟变量显示，国有企业的利润率要显著低于其他企业，而外资企业的盈利能力要显著高于一般企业。

（二）进口异质性对企业利润率的影响

前文依据企业是否参与进口活动将样本划分为实验组和控制组，较为严谨地验证了企业参与进口活动可以提升企业的盈利能力，但是这一结果只是反映了进口活动对盈利能力的平均效应。接下来，有必要探讨企业进口是否越多越好？是否存在最有利于提升企业盈利能力的最优进口强度——即最优进口强度区间？

我们将进口强度由低到高排序，并按四分位数为临界点将企业进一步划分为四种类型（$deim\tau$，$\tau=1,2,3,4$）：$im \times deim1 \times After$ 表示低进口强度实验组，$im \times deim2 \times After$ 和 $im \times deim3 \times After$ 表示中进口强度实验组，$im \times deim4 \times After$ 表示高进口强度实验组。在同一回归模型中可以通过比较估计系数的大小来判断不同进口强度对企业盈利能力的异质性影响效应,并识别出最有利于提升企业盈利能力的最优进口强度区间。表 5.4 中的第(1)列汇报了总体贸易情况下,不同进口强度分位数的估计结果:$im \times deim1 \times After$、$im \times deim2 \times After$ 及 $im \times deim3 \times After$ 的影响系数都为正,均通过 1% 水平的显著性检验;而 $im \times deim4 \times After$ 的影响系数都为负,通过 5% 水平的显著性检验,影响系数呈现由正变负、先变大后变小的趋势,说明进口强度对企业盈利能力的影响呈现非平稳特征,并非进口强度越强,其对企业盈利能力的提升效应越大,过度进口反而降低了企业的盈利能力。表 5.4 的结果显示 $im \times deim2 \times After$ 的影响系数为正且最大,说明当进口强度处于 $[0.007, 0.038]$ 之间时,对企业盈利能力的提升作用最强,而当企业进口强度超过 0.1352 时反而会降低企业的盈利能力。在排除加工贸易后,具体检验结果见表 5.4 中的第(3)列,同表 5.3 结果一样,进口对一般贸易企业的盈利能力提升效应更大,但是最有利于提升企业盈利能力的最优进口强度区间仍然是第二区间,而第四区间的影响系数虽然为负,但是并未通过显著性检验。出现上述结果可能的原因在于:首先,如果企业过度进口,长远来看会造成我国企业对国外投入品过度依赖,一方面容易引起国际市场上投入品价格上涨,另一方面国外企业拥有技术垄断势力,在信息不对称性情况下可能对国内进口企业索取高价,对资本品和中间品的进口会增加企业的生产成本,降低企业利润,增加企业生存风险。其次是我国企业过度进口,造成我国对外依存度提高,企业生存发展极易受到国际政治局势动荡或金融危机的冲击,企业经营的不确定性风险加大。

表 5.4 进口异质性对企业利润率的影响

变量	总体情况		排除加工贸易	
	(1)	(2)	(3)	(4)
im	-0.0058 *** (-15.23)	-0.0061 *** (-16.46)	-0.0056 *** (-14.01)	-0.0064 *** (-16.46)

续表

变量	总体情况		排除加工贸易	
	(1)	(2)	(3)	(4)
After	-0.0057*** (-26.13)	-0.0059*** (-25.53)	-0.0058*** (-24.61)	-0.0059*** (-25.52)
$im \times deim1 \times After$	0.0096*** (13.70)		0.0091*** (9.78)	
$im \times deim2 \times After$	0.0134*** (17.68)		0.0245*** (18.07)	
$im \times deim3 \times After$	0.0105*** (13.16)		0.0237*** (13.79)	
$im \times deim4 \times After$	-0.0026** (-2.13)		-0.0009 (-0.42)	
$imm \times After$		-0.0019*** (-3.27)		0.0036*** (4.28)
$imk \times After$		0.0202*** (29.90)		0.0269*** (22.55)
控制变量	控制	控制	控制	控制
行业效应	是	是	是	是
省份效应	是	是	是	是
年份效应	是	是	是	是
R^2	0.0225	0.0231	0.0192	0.0199
观察值	1275070	1275070	1046151	1046151

注：***、**和*分别表示1%、5%和10%的显著性水平，括号中的数字为t值，在4分位行业水平上进行聚类。加入的控制变量同表5.3。

本章考虑到企业进口产品因产品用途不同可以划分为很多种类，而不同类型的产品在产品用途、产品技术含量、产品质量等方面也具有显著差异，因此进口对企业利润率的影响可能会受产品异质性的影响。BEC分类采用3位数编码结构，把国际贸易商品分为7大类19个基本类。其中，BEC代码为111、121、21、22、31、322、42、53属于中间产品（imm）;

41、521 属于资本品（imk）①。接下来，在模型中加入交叉项 $imm \times After$、$imk \times After$ 以检测进口对企业利润率的影响效应受不受进口产品异质性的影响，具体检验结果如表5.4中的第（2）列和第（4）列所示。首先，在总体贸易情况下，$imm \times After$ 的影响系数显著为负，$imk \times After$ 的影响系数显著为正，说明在总体贸易情形下，唯有资本品进口能够显著提升企业的利润率，而中间产品的进口降低了企业的利润率。其次，如果排除加工贸易企业的影响，$imm \times After$、$imk \times After$ 的影响系数都为正，且均通过1%水平的显著性检验，其中 $imk \times After$ 的影响系数最大为0.0269，$imm \times After$ 的影响系数最小为0.0036。这说明在一般贸易情况下，企业对两种产品的进口均能提升企业的利润率，其中资本品进口对企业利润率的提升作用最强。出现上述结果的原因：一是加工贸易企业一般是将进口的中间产品经过简单加工再出口的、"两头在外"的一种特殊贸易形式，中国有较大比例的加工贸易处于简单加工和装配的发展阶段，由于从事的加工贸易技术含量低且产业链条短，获取利润较低。而且在出口企业中，加工贸易企业占了半壁江山（盛丹和刘竹青，2017），导致在总体贸易情形下出现了中间产品的进口反而降低了企业利润率的结果。二是无论在总体贸易中还是一般贸易情况下，资本品进口对企业利润率的提升效应都非常突出，这是因为与进口中间品相比，企业对资本货物的进口更能对提升企业生产率及企业利润率起到直接的促进效应（张杰等，2015；康志勇，2016）。

（三）企业异质性的影响

前文研究的进口对企业盈利能力的影响，仅是检验了进口影响企业盈利能力的平均效应及进口产品异质性的影响，而未考虑企业异质性特征影响。由于企业自身在生产率水平、人力资本水平等方面均存在明显的差异性，那么进口对企业盈利能力的影响效应可能会受到企业异质性影响，为

---

① 鉴于企业对消费品的进口量很少，而且对企业绩效的影响作用有限，本书将企业进口的消费品做了剔除处理，主要研究企业投入品进口对其利润率的影响。

此，接下来将从企业异质性（包括企业生产率、企业人力资本水平两个方面）深入考察进口对中国制造业企业经营绩效的异质性影响（见表5.5）。

表5.5 企业异质性的影响

变量	总体情况		排除加工贸易	
	生产率差异	人力资本水平差异	生产率差异	人力资本水平差异
im	-0.0042*** (-7.53)	-0.0043*** (-7.70)	-0.0021*** (-3.47)	-0.0022*** (-3.53)
$After$	-0.0010*** (-4.92)	-0.0008*** (-4.25)	-0.0007*** (-3.34)	-0.0005*** (-2.54)
$im \times C\_dum1 \times After$	-0.0278*** (-36.45)	-0.0166*** (-21.43)	-0.0333*** (-33.42)	-0.0199*** (-20.44)
$im \times C\_dum2 \times After$	-0.0035*** (-4.50)	-0.0085*** (-11.49)	-0.0070*** (-7.32)	-0.0106*** (-11.91)
$im \times C\_dum3 \times After$	0.0145*** (17.90)	0.0068*** (9.00)	0.0132*** (13.41)	0.0080*** (8.59)
$im \times C\_dum4 \times After$	0.0283*** (33.82)	0.0316*** (31.79)	0.0276*** (26.94)	0.0350*** (25.43)
控制变量	控制	控制	控制	控制
行业效应	是	是	是	是
省份效应	是	是	是	是
年份效应	是	是	是	是
R^2	0.0362	0.0339	0.0324	0.0309
观察值	1275070	1275070	1046151	1046151

注：***、**和*分别表示1%、5%和10%的显著性水平，括号中的数字为t值，在4分位行业水平上进行聚类。其中，C表示企业异质性特征变量，包括企业生产率水平 $\ln LP$、人力资本水平 hum；$q=1,2,3,4$ 表示将企业特征按照从小到大排序的四个分组（分别以企业生产率水平、人力资本水平的四分位数为临界点，将进口企业划分为四个等分组），相应地 C_dumq 表示企业特征虚拟变量，当企业 i 的 C 特征变量属于第 q 分组时取值为1，否则为0。控制变量同表5.3。

1. 企业生产率的异质性

企业生产率在一定程度上代表着企业的生产技术水平，进口对企业盈利能力的影响可能会受企业生产率异质性的影响。因此，本章将企业劳动生产率由低到高排序并按四分位数为临界点，将企业进一步划分为四种类型，在模型中加入交叉项 $im \times \ln LP\_dumq \times After$，以检验进口对不同生产率水平企业盈利能力的影响，估计结果如表5.5中的第（1）列和第（3）列所示。结果显示：$im \times \ln LP\_dumq \times After$ 的影响系数呈现由负变正、负向影响系数逐渐变小，而正向影响系数逐渐变大的趋势，且均通过1%水平的显著性检验。这说明进口对企业盈利能力的影响效应也会受到企业生产率高低的影响，当企业生产率很低时，进口不利于企业盈利能力的提高，随着生产率的提高，进口对企业盈利能力的影响由负向影响转为正向影响，且生产率越高，进口越有利于企业盈利能力的提高。可能的原因在于，一方面，生产效率高的企业才越倾向于进口（Kasahara 和 Lapham，2008；Castellani 等，2010），而企业进口以后通过进口中学效应进一步提升企业生产效率，提高企业盈利能力；另一方面，进口中学效应的发挥不仅靠企业简单地进口种类繁多、质量更高的投入品，还依赖企业自身对技术的吸收能力。一般来讲，企业生产效率越高，企业对技术吸收能力越强，进而企业从进口中获益更多，有利于改善企业的经营绩效。对于生产率高的企业而言，企业能够实现国内外两个市场和资源的最优配置和互补，最终可以提高企业盈利能力，而生产率越高，进口对企业盈利能力的正面效应就越大。

2. 企业人力资本的异质性

企业对技术的吸收能力除依赖企业自身的生产效率外，还取决于企业的人力资本水平（本书用工资与企业从业人员数的比值作为企业人力资本水平的衡量指标，一般认为人力资本水平越高，为其支付的工资也会越高），因此，将企业人力资本水平由低到高排序并按四分位数为临界点，进一步划分为四种类型，在模型中加入交叉项 $im \times hum\_dumq \times After$，以检验进口对不同人力资本水平企业盈利能力的影响，估计结果如表5.5中的第（2）列和第（4）列所示。结果显示：如同企业生产率的异质性检验结果一样，$im \times hum\_dumq \times After$ 的影响系数呈现由负变正、负向影响系数逐渐变小，而正向影响系数逐渐变大的趋势，且均通过1%水平的显著性检验。这说明进口对企业盈利能力的影响效应也会受到企业人力资本水平高低的影响，当企业人力资本水平很低时，进口不利于企业盈利能力的提高，随着人力资本水平的提高，进口对企业盈利能力的影响由负向影响转为正向影响，且人力资本水平越高，进口越有利于企业盈利能力的提高。这说明企业进口能提升企业的盈利能力，但是进口对企业盈利能力的影响效应也会受到企业自身人力资本水平高低的影响，企业人力资本水平越高，进口对企业盈利能力的正向影响效应越大。这是因为企业在通过进口来学习先进技术时，不仅简单地依靠外来技术的外溢，而企业自身对先进技术的模仿和吸收能力也起到关键作用（张杰等，2015），企业人力资本水平越高，企业对技术的吸收能力越强，企业从进口中学效应获益更多，进而改善企业经营绩效，增强盈利能力。

四、影响机制检验

前文通过实证检验，得到了进口可以提升企业的利润率，但是也会受到产品异质性及企业异质性的影响，那进口影响企业利润率的作用机制是什么呢？通过前文的理论分析，我们得出进口可以通过节约生产成本、提高企业的产品定价能力、提升企业的生产率、扩大出口等途径影响企业的利润率。继而本书将通过构建中介效应模型对进口影响企业利润率的潜在机制进行检验。由于进口到底为企业节约多少成本很难衡量，也未有合适的衡量指标，因此，只检验了产品定价能力、企业生产率和企业出口三条机制。

（一）中介效应模型设定

中介效应模型分为三个基本程序：第一，将因变量对基本自变量进行回归（即基准回归模型）；第二，将中介变量（企业生产率、产品定价能力（用成本加成来表示）、企业出口价值）对基本自变量进行回归；第三，将因变量对所有的变量（包含基本自变量和所有的中介变量）进行回归。完整的中介效应模型由以下五个方程组成：

$$profit_{it} = \alpha_0 + \beta_1 IM_{it} + \beta_2 After_{it} + \delta IM_{it} \times After_{it} + \vec{\gamma} \vec{Z}_{it} \quad (5-7)$$

$$\ln tfp_{it} = b_0 + \phi_1 IM_{it} + \phi_2 After_{it} + \lambda IM_{it} \times After_{it} + \vec{\eta} \vec{Z}_{it} \quad (5-8)$$

$$\ln Markup_{it} = c_0 + \varphi_1 IM_{it} + \varphi_2 After_{it} + \kappa IM_{it} \times After_{it} + \vec{\mu} \vec{Z}_{it} \quad (5-9)$$

$$\ln exp_{it} = d_0 + \theta_1 IM_{it} + \theta_2 After_{it} + \vartheta IM_{it} \times After_{it} + \vec{\rho} \vec{Z}_{it} \quad (5-10)$$

$$profit_{it} = f_0 + \tau_1 IM_{it} + \tau_2 After_{it} + \omega IM_{it} \times After_{it} + \tau_3 \ln tfp + \tau_4 \ln Markup_{it} + \tau_5 \ln exp_{it} + \vec{\psi} \vec{Z}_{it} \quad (5-11)$$

（二）指标度量

因变量及本节使用的控制变量已在前文中作了介绍，在这不再重复，这里重点介绍中介变量的指标度量。

1. 企业生产率（$\ln tfp$）

采用 Levinsohn – Petrin 法（LP 法）来计算企业的全要素生产率，因为 OLP 法能克服企业 TFP 估计过程中存在的同时性偏差和样本选择性偏差。其中，物质资本存量，本章参照宏观资本核算方法，使用公式 $I_t = K_t - K_{t-1} + D_t$ 进行估算，公式中，K 表示固定资产总值，D 为固定资产折旧。

2. 成本加成（$\ln Markup$）

成本加成定义为产品价格对边际成本的偏离，在一定意义上衡量了企业的市场能力（钱学锋和范冬梅，2015）。借鉴 Edmond（2012）、钱学锋等（2016）的估计方法测量了企业的成本加成①。具体地，企业成本加成和劳动收入份额的关系为：

$$\frac{w_{it}l_{it}}{p_{it}y_{it}} = \frac{1-\alpha}{Markup_{it}} \qquad (5-12)$$

其中，w 表示企业 i 在 t 期的人均工资；l_{it} 表示企业 i 在 t 期的员工人数；p_{it} 表示企业生产的产品价格；y_{it} 表示企业的产出水平；α 表示资本的产出弹性，$Markup_{it}$ 表示企业的成本加成。等号右边表示劳动的产出弹性/企业成本加成，而等号左边表示劳动所占的收入份额。

3. 企业出口价值（lnexp）

根据海关数据库得到每个企业每年的出口价值，按照2000~2010年人民币兑美元年度汇率均值将其换算成人民币计价金额，再按照各地区工业品出厂价格指数平减为2000年的可比价数额。

（三）作用机制检验结果分析

一般来说，某个变量是否存在中介效应必须满足四个条件②：一是自变量与中介变量显著相关；二是中介变量与因变量显著相关；三是中介效应对因变量的解释量要大于直接效应；四是直接效应模型中的自变量与因变量之间的显著相关会在中介效应模型中显著降低或不相关。表5.6中的第（1）列为基本回归模型，$im \times After$ 的影响系数为0.0023，并且通过1%水平的显著性检验；第（2）列为中介变量 $\ln tfp$ 对基本自变量的回归结果，可见 $im \times After$ 的影响系数为0.0768，且通过1%水平的显著性检验；第（3）列为中介变量 $\ln Markup$ 对基本自变量的回归结果，可见 $im \times After$ 的影响系数为0.0458，且通过1%水平的显著性检验；第（4）列为中介变量 lnexp 对基本自变量的回归结果，可见 $im \times After$ 的影响系数为

---

① 现有研究对企业成本加成的测量方法一般有两种：一是会计方法；二是生产函数方法。本书使用的是生产函数方法。

② 王雁飞，朱瑜. 组织社会化与员工行为绩效——基于个人—组织匹配视角的纵向实证研究[J]. 管理世界，2012（5）：109-124.

0.2531，且通过1%水平的显著性检验；第（5）列为最终模型即因变量 profit 对基本自变量及所有中介变量的回归结果，可见 im × After 的影响系数为 0.0003，未通过显著性检验，lntfp 及 ln$Markup$ 的影响系数都显著为正，分别为 0.0387 和 0.0148，而 lnexp 的影响系数虽为正，但是并未通过显著性检验。从表 5.6 的结果来看，进口可以显著地提升企业的生产率、提高企业的成本加成，扩大企业出口，但是仅有企业生产率及企业成本加成满足中介效应的四个条件，而企业出口在最终模型中未通过显著性检验，不满足四个条件中的第二个条件。出现上述结果可能的原因在于，我国大部分出口企业是加工贸易企业，而加工贸易企业仅是将进口的中间产品进行简单加工后再出口，其利润普遍较低，影响了整体贸易的结果。为此，接下来将加工贸易企业排除，再对进口的中介效应做次检验，具体结果如表 5.7 所示。

表 5.6 进口影响企业盈利能力的机制检验[①]（总体贸易情形）

变量	profit	lntfp	ln$Markup$	lnexp	profit
	(1)	(2)	(3)	(4)	(5)
im	-0.0031*** (-5.38)	-0.0520*** (-8.76)	-0.1010*** (-17.83)	-0.1322*** (-12.54)	-0.0009 (-1.56)
$After$	-0.0052*** (-23.23)	0.0691*** (27.90)	0.110*** (46.21)	-0.0584*** (-14.11)	-0.0077*** (-30.28)
$im × After$	0.0023*** (3.48)	0.0768*** (11.03)	0.0458*** (6.89)	0.2531*** (21.96)	0.0003 (0.44)
lntfp					0.0387*** (277.3)

---

① 需要说明的是，本章在对进口影响企业盈利能力的传导机制进行检验时，使用的是 2000~2010 年中国工业企业和海关贸易统计库的合并数据。因为企业生产率 lntfp 指标及 ln$Markup$ 指标计算都需要工业增加值、企业中间品投入，由于 2008 年、2009 年、2011~2013 年的数据库缺少这两个指标，因此剔除了这 5 年的数据。而 2010 年的数据库有工业增加值但缺少中间品投入，本书利用工业增加值的生产法计算公式，即工业增加值 = 工业总产值 - 工业中间投入 + 本期应交增值税，倒推出 2010 年的工业中间品投入。

续表

变量	*profit*	ln*tfp*	ln*Markup*	ln*exp*	*profit*
	(1)	(2)	(3)	(4)	(5)
ln*Markup*					0.0148***
					(101.54)
ln*exp*					0.0001
					(1.34)
控制变量	控制	控制	控制	控制	控制
行业效应	是	是	是	是	是
省份效应	是	是	是	是	是
年份效应	是	是	是	是	是
R^2	0.0219	0.2720	0.1390	0.5380	0.0309
观察值	842945	842945	841986	555120	841986

注：***、**和*分别表示1%、5%和10%的显著性水平，括号中的数字为t值，在4分位行业水平上进行聚类。

表5.7 进口影响企业盈利能力的机制检验（一般贸易情形）

变量	*profit*	ln*tfp*	ln*Markup*	ln*exp*	*profit*
	(1)	(2)	(3)	(4)	(5)
im	-0.0023***	-0.0613***	-0.1151***	-0.1250***	0.0003
	(-3.66)	(-9.60)	(-18.77)	(-10.28)	(0.51)
After	-0.0050***	0.0160***	0.1410***	0.0283***	-0.0084***
	(-21.37)	(40.83)	(56.35)	(6.00)	(-31.49)
im × *After*	0.0031***	0.1880***	0.0824***	0.2520***	0.0002
	(2.92)	(15.07)	(10.95)	(18.45)	(0.29)
ln*tfp*					0.0388***
					(253.8)
ln*Markup*					0.0155***
					(98.03)
ln*exp*					0.0002***
					(4.05)
控制变量	控制	控制	控制	控制	控制

续表

变量	profit	lntfp	lnMarkup	lnexp	profit
	(1)	(2)	(3)	(4)	(5)
行业效应	是	是	是	是	是
省份效应	是	是	是	是	是
年份效应	是	是	是	是	是
R^2	0.0182	0.2620	0.1324	0.5131	0.0309
观察值	706632	706632	705815	364151	705815

注：***、**和*分别表示1%、5%和10%的显著性水平，括号中的数字为t值，在4分位行业水平上进行聚类。

表5.7为一般贸易情形下，进口对企业盈利能力的传导机制检验结果，第（1）列为基本回归模型，$im \times After$的影响系数为0.0031，并且通过1%水平的显著性检验；第（2）列为中介变量 lntfp 对基本自变量的回归结果，可见 $im \times After$ 的影响系数为0.1880，且通过1%水平的显著性检验；第（3）列为中介变量 ln$Markup$ 对基本自变量的回归结果，可见 $im \times After$ 的影响系数为0.0824，且通过1%水平的显著性检验；第（4）列为中介变量 lnexp 对基本自变量的回归结果，可见 $im \times After$ 的影响系数为0.2520，且通过1%水平的显著性检验；第（5）列为最终模型即因变量 $profit$ 对基本自变量及所有中介变量的回归结果，可见 $im \times After$ 的影响系数为0.0002，未通过显著性检验，lntfp、ln$Markup$及 lnexp 的影响系数都显著为正，分别为0.0388、0.0155和0.0002。从表5.7中结果来看，进口可以显著地提升企业的生产率、提高企业的成本加成，扩大企业出口，企业生产率、企业成本加成和企业出口都满足中介效应的四个条件，说明企业生产率、企业成本加成和企业出口是进口影响企业盈利能力的传导机制。

五、本章小结

中国企业盈利短板问题已经成为困扰我国政府及企业经营者的难题，本章利用 2000~2013 年中国制造业企业和中国海关数据库的合并数据，运用 PSM – DID 方法深入探讨了企业进口行为对企业利润率的影响，试图寻找一种可以改善企业经营绩效的方案，即通过进口来提高中国企业利润率。

本章的主要结论可以概括为：第一，从总体上看，企业进口有助于提高企业利润率，特别是对一般贸易企业利润率的提升作用更强，过度依赖进口也会对企业利润率产生负面影响。第二，在总体贸易情形下，资本品进口能够显著提升企业利润率，中间产品的进口降低了企业的利润率；在一般贸易情况下，企业对两种产品的进口都能提升企业的利润率，其中资本品进口对企业利润率的提升作用最强。第三，进口对企业利润率的影响可能会受企业异质性的影响，当企业生产率及人力资本水平很低时，进口反而降低了企业的利润率，随着企业生产率及企业人力资本水平的提高，进口对企业利润率的影响由负向转为正向，且正向影响效应逐渐变大。第四，在一般贸易情形下，进口可以显著地提升企业的生产率、提高企业的成本加成，扩大企业出口，进而提升企业利润率，即企业生产率、企业成本加成和企业出口是进口影响企业利润率的传导机制；但是在总体贸易情况下，可能受加工贸易的影响，仅有企业生产率及企业成本加成通过了中介效应检验，企业出口未通过显著性检验。

在竞争日益激烈的市场经济体制下，企业必须依靠成本、品种、质量、技术进步等优势扩大市场占有率，才能获得经济收益的提高。首先，要充分借助进口的优势，在降低生产成本过程中，企业要努力优化资源，尽可能采用新技术、新工艺、新设备等措施降低生产成本。其次，依靠投入品进口拓展生产产品的品种和提高生产产品质量，提高自身竞争力。最后，必须依靠技术进步、生产效率改进和企业人力资本素质的提高，和国际先进技术接轨，提高技术吸收能力。

第六章
进口与企业生存

　　企业发展不仅关系企业经营者及工人的切身利益,从宏观上看还关系国民收入、就业水平及社会稳定,对经济增长的影响不言而喻。而中国企业在发展过程中却显现出致命的弱点:中国企业的生存时间普遍短暂,特别是中小企业。据国家工商总局2013年的《全国内资企业生存时间分析报告》显示:有近五成企业年限在5年以下,且企业成立后3~7年为退出市场高发期。随着世界经济一体化进程的加深,我国企业不断融入国际市场、贸易活动日趋活跃,为企业生存发展带来机遇的同时也给予一定的冲击,目前中国国内经济随着全球经济低速增长进入新常态发展阶段,中国企业的生存压力加大。因此,如何提高企业生存概率稳固企业生存发展,不仅是企业经营者首要面对的问题,也是政界及学术界高度重视的话题。

　　当前已有大量学者围绕所有制(Ferragina 和 Mazzotta,2014)、融资约束(Görg 和 Spaliara,2014)、创新活动(Coad 等,2016;Colombelli 等,2016)、FDI(Kimura 和 Kiyota,2006;Taymaz 和 Yılmaz,2014)以及汇率变动(Toraganlı 和 Yazgan,2016)等方面对企业生存的影响进行了深入研究,而企业参与贸易活动对其生存的影响多关注在企业的出口方面(Esteve – Pérez 等 2008;Baldwin 和 Yan,2011),对企业进口方面影响的研究相对匮乏。Bernard 等(2007)认为自新新贸易理论提出以来,研究学者对企业贸易活动的研究集中关注在出口方面,而对进口方面关注相对较少的原因是受限于进口数据的可得性,而并非企业的进口活动不重要。中国海关总署统计了我国进出口企业每年的每条产品层面交易信息,包括进出口产品的 HS 编码、价值、数量、来源国(目的地)等,为分析企业进口行为与企业生存的关系提供了可能。

据商务部国际贸易经济合作研究院于 2016 年公布的《中国对外贸易发展形势报告》显示:我国加大了对先进技术、关键零部件和重要设备等高新技术产品的进口。例如,2016 年前三季度我国高新技术产品进口额达 2.46 万亿元,同期增长 1.4%。企业通过参与国际分工,使用这些高科技产品能够提高自身生产效率及产品质量。那么,企业对这些高科技产品的进口能否降低企业生存风险?该报告还指出,我国对大宗商品进口量持续增加而进口价格普遍下跌,不仅减少了外汇支出,而且为企业降低了生产成本,增加了收益。例如,2016 年前三季度,我国进口铁矿石增长 9.1%、原油增长 14%、煤增长 15.2%、铜增长 11.8%;同期,我国进口价格指数总体下跌 5.3%。近年来,用工成本及原材料价格上涨、税收增加都困扰着企业的经营状况,企业对大量原材料的进口在为企业节约生产成本的同时,能否改善企业经营状况、延续企业生存?进口通过何种途径影响企业生存?此外,由于企业在研发水平、融资能力、企业规模等方面均存在明显差异;且企业进口的产品也因产品类型、产品来源国的不同,产品中包含的技术含量、产品质量等方面存在显著差异,那么进口对企业生存的影响效应是否受企业异质性或产品异质性的影响?迄今为止,鲜有学者对上述问题给予解答。

本章着重从上述几个问题出发研究进口与企业生存之间的关系,可能的边际贡献体现在:首先,以往研究并未充分重视进口对企业生存的影响,本章从企业进口角度出发,研究了进口[①]对企业生存的影响,为解决中国企业生存短暂难题提供了新的解决思路。其次,将进口行为划分为进

---

① 本书研究的企业进口行为指的是企业对投入品的进口,不考虑企业对消费品的进口,仅包含资本品进口与中间投入品进口。

口倾向、进口强度和进口持续时间三个维度，以更全面地检验进口行为对企业生存的影响。再次，针对企业异质性（研发水平、融资能力、企业规模）及产品异质性（产品类型及产品来源国）深入考察进口对中国企业生存的异质性影响。最后，在样本选择上，本章的分析样本不仅包含中间品进口，还包括资本品进口，而且以往相关研究多采用 2000~2007 年的工业企业和海关数据库合并数据，本章将数据进行更新，使用 2000~2013 年的合并数据。本章的研究旨在为我国微观企业降低生存风险、延长生存时间提供解决路径。

一、理论分析与研究假说

生存分析最早被广泛应用于生物医学研究中，随着应用领域的不断扩展，逐渐被经济学家应用于经济领域。越来越多的学者将企业生存引入到国际贸易领域，但是多关注在企业的出口行为对企业生存的影响，而对企业进口行为影响的研究相对匮乏。例如，Bernard 和 Jensen（2007）对美国、Esteve – Pérez 等（2008）对西班牙、Greenaway 等（2009）对瑞典、Amendola 等（2010）对意大利、Baldwin 和 Yan（2011）对加拿大及 Görg 和 Spaliara（2014）对英国的研究都发现，企业的出口行为能够显著的降低企业退出市场的风险，并提高企业的生存概率。于娇等（2015）利用中国企业数据研究发现，总体上企业出口行为有助于提高企业生存概率，但是过度出口也会对企业生存产生负面影响。Namini 等（2011）对智利的研究却发现，出口虽然在一定程度上提升企业的生存概率，但是随着出口范围的扩大，企业生存概率降低，而中间品进口能够显著提高企业的生存概率。López（2006）认为出口企业只有在同时进口中间投入品时，才能提高企业生存概率，出口活动本身并不能降低企业退出市场的风险。López

(2006)的研究凸显了企业进口行为的重要性。接着，Gibson 和 Graciano (2011)针对智利的研究也发现，相比非进口企业，进口企业退出市场的风险更低。由此可见，如果忽略了进口对企业生存的影响，可能会造成企业出口行为与其生存之间关系的研究中出口对企业生存作用的高估。通过对相关文献的梳理，本书将进口影响企业生存的机制概括为以下几个方面：

第一，进口数量效应。企业对投入品的进口可以为企业节约生产成本，提高盈利空间，为企业实现持续经营创造成本优势。一方面，较之国内市场，国际市场上的竞争更为激烈，同类产品企业成本加成较低，因此从国际市场上引进的中间投入品或资本品的价格可能比国内市场上更低，能在一定程度上为企业节约生产成本（Wagner，2013）；另一方面，企业对国外多样化投入品的引入加剧了国内投入品市场上的竞争，迫使国内同类投入品价格的降低（Gibson 和 Graciano，2011；张翊等，2015），进而降低企业生产成本。同时，企业因使用国外处于世界知识和技术前沿的中间品，从中学习新知识和先进技术，能促进企业改善生产活动（Kugler 和 Verhoogen，2009；Bas 和 Strauss - Kahn，2015），进而降低企业生存风险。企业对国外投入品进口量越大，就可为企业节约越多的生产成本，同时获得的技术外溢效应也越大，因此，企业进口数量扩大有利于降低企业生存风险。

第二，产品种类效应。进口投入品种类的增加拓展了企业异质性产品的生产与销售，降低企业退出风险。以质量求生存，以品种求发展，这是企业经营的准则。企业进口的投入品和国内投入品具有不完全替代性，进口投入品种类的增加丰富了当地企业生产投入的种类（Ethier，1982；Halpern 等，2015），拓展企业异质性产品的生产与销售，降低企业生存风险。Fernandes 和 Paunov（2013）研究发现企业对国外先进机器设备及中间投入品投资的增加，在一定程度上促进了企业新产品的产生和企业存活率的提高。

第三，产品质量效应。企业在生产过程中采用高质量的进口投入品会提升企业自身的产品质量，同时扩大了消费者对产品质量的选择范围，降低了企业退出风险。生产高质量的产品需要高质量的投入（Kugler 和 Verhoogen，2012；Hallak 和 Sivadasan，2013），企业进口的投入品包含着国外先进的技术水平（Blalock，2007），一般比国内投入品的质量高，因而进口高质量的投入品能提升企业的产品质量。产品质量越好，企业市场信誉就越高，产品质量是企业立足于市场的根本和保证，是企业生存发展的源泉。此外，Manova 和 Zhang（2012）认为多产品公司内部不同产品间的质量差异是生产投入品间的质量差异造成的，企业产品质量差异拓展了产品价格范围及消费者选择区间，为企业持续经营创造条件。基于以上分析，我们提出研究假设1。

研究假设1：企业进口行为有助于降低企业的生存风险，且随着企业进口数量的扩大、进口产品种类的增加及进口产品质量的提高，进口企业的生存风险逐渐降低。

此外，进口还通过促进企业生产效率的提高，引致出口或扩大出口企业多样化产出，进而降低企业退出市场的风险，延续企业生存。首先，进口能提升企业生产效率进而降低企业退出风险。企业生产率体现着企业的核心竞争力，企业在市场上的生死存亡很大程度取决于企业生产率水平。近年来，国际经济领域的一些学者从微观企业层面运用实证分析法探究了企业进口与其生产率之间的关系（Amiti 和 Klonings，2007；Topalova 和 Khanelwal，2011；Halpern 等，2015；余淼杰等，2015；张杰等，2015），尽管研究对象和估计方法存在一些差异，但这些研究基本都支持进口能够提升企业生产率的结论。因此，进口能通过提升企业生产率进而延续企业生存。其次，企业进口可以引致出口或扩大出口企业生产范围，降低企业退出市场的风险。企业进口可以引致出口（Bas 和 Strauss - Kahn，2014；张杰等，2014），且能扩大出口企业多样化产出（Feng，2016）。企业从事出口活动，一方面，面对的消费者及产品需求更加多元化，分散单一的国内市场需求波动风险，提高企业存活概率；另一方面，出口能够延长产品生命周期，因在不同产品周期，可以通过向不同市场扩展销售量来规避风险进而延长企业的生命周期（Hirsch 和 Lev，1971；Agarwal 和 Gort，2002；于娇等，2015）。此外，企业出口还可以减少不可抗力（如政变、自然灾害等）给企业经营带来的风险，降低了企业退出市场的风险（许家云和毛其淋，2016）。基于以上分析，我们提出研究假设2。

研究假设2：进口通过提升企业生产效率、引致出口或扩大出口范围进而降低企业生存风险。

值得注意的是，首先，企业进口的产品因产品用途、产品来源国的不同，产品在技术含量、产品质量等方面存在显著差异，导致异质性产品对企业生存的影响效应可能不同。例如，Löof 和 Andersson（2010）利用瑞士制造业企业数据研究了进口与企业生产率的关系，指出并非所有来源国的产品都能提升企业生产率，相比从其他国家进口，从知识密集度更高的G7国家进口的企业生产率获得了更快的提升。Feng等（2016）研究发现，中间品进口对企业出口的影响会受到进口来源国的影响，相比非OECD国家，从OECD国家进口对出口的促进作用更大。企业的进口行为与企业生产率、出口之间密切相关，同时企业生产率与出口又影响企业生存。因此，进口对企业生存的影响可能会受产品来源国的影响。其次，进口产品因产品用途不同可以划分为不同类型，而不同类型的投入品在产品用途、产品技术含量、产品质量等方面也具有显著差异（如原材料等初级中间品与关键性零配件或资本品相比对企业的生存造成的影响可能不同），因此进口对企业生存的影响可能会受进口产品类型的影响。最后，由于企业自身在研发水平、企业规模、融资能力等方面均存在明显的差异性，进口对企业生存的影响效应可能会受到企业异质性影响。基于以上分析，我们进一步提出研究假设3。

研究假设3：进口对企业生存的影响效应受到产品异质性及企业异质性的影响。

二、数据处理、企业生存与风险函数估计

(一) 数据处理

本章数据来源于 2000~2013 年中国工业企业和海关贸易统计库的合并数据。综合 Feenstra 等 (2014)、张杰等 (2015) 及于娇等 (2015) 的处理方法,将样本做了以下筛选:①删除成立时间无效的企业;②删除流动资产、固定资产总计、固定资产净值大于企业总资产的企业;③删除主要财务指标缺失的企业;④删除就业人数小于 8 的企业;⑤删除同一年出现一次以上及无法识别编号的企业。本章使用的第二套数据来自中国海关总署的产品层面交易数据。对企业每年的进口数据进行加总处理,即将企业进口数据加总为企业每年年度数据。进一步地,参照国际上通用的 BEC 标准产品分类编码筛选企业投入品。其中,BEC 代码为 111、121、21、22、31、322、42、53 属于中间产品;41、521 属于资本品。参照余淼杰等 (2015),采用两种方式合并两套数据,根据企业的名称匹配及通过企业的邮政编码和最后 7 位的电话号码进行匹配,为保证匹配样本中尽可能包括更多企业,同时使用以上两种匹配方法,只要企业可以通过其中任何一种方法匹配成功,就将其纳入观测样本中。关于企业生存的计算,本书参照于娇等 (2015) 的做法①,对样本进行以下处理:①选取自 2000 年新

---

① 本书研究的是 2000~2013 年持续存在的企业,但是无法获知在研究区间之外的企业的生存状况。如果企业在 2000 年之前就已经存在,那么该企业从成立至 2000 年的生存状况就无法获知,若忽略这个情况就会出现左删失问题,为此,本书选取自 2000 年起新成立的企业,去掉了左删失观测值。若企业在研究周期结束时 (2013 年) 仍未退出市场,则又出现右删失问题,而生存分析方法可以更为准确地对含有右删失数据的样本进行估计。另外,本书剔除了观察期最后一年首次出现在数据库中的样本,其生存时间仅为 1 年并且为右删失值,容易对估计结果造成干扰。(于娇等,2015)。

成立的企业，去掉了左删失观测值；②剔除 2013 年首次出现在数据库中的样本。

此外，考虑到企业进口行为不是随机的，可能是企业自我选择的结果（Lööf 和 Andersson，2010；Vogel 和 Wagner，2010），本章参考许家云和毛其淋（2016）及于娇等（2015）的处理方法，首先，使用倾向评分匹配（PSM）方法①对样本进行了匹配以解决样本选择性偏误问题。其次，选取匹配成功的样本数据采用 Cloglog 生存分析模型进行估计，以考察企业进口行为对企业生存的影响。限于篇幅限制，匹配过程及匹配效果见附录。

（二）企业生存与风险函数估计

对于企业生存时间的界定，本书参照 Bellone 等（2008）、Namini 等（2013）、于娇等（2015）的计算方法将生存时间定义为企业 i 出现在中国工业企业数据库中且持续存在直至退出的时间，当企业 i 在第 t 年存在而在 $t+1$ 年消失时即为退出市场②。选取生存函数（Survival Function）分析法对中国制造业企业的生存分布特征进行初步探讨。企业的生产函数被定义为企业持续经营时间超过 t 年的概率，表示为：

$$s(t_i) = \Pr(T_i > t) = \prod_{k=1}^{t}(1 - h_k) \tag{6-1}$$

其中，T 表示企业在市场中维持存活状态的时间长度，h_k 是风险函数，表示企业在第 $t-1$ 期正常经营情况下，而在第 t 期退出市场的概率。继而，企业生存函数的非参数估计一般由以下 Kaplan – Meier 乘积项的方式给出：

---

① 采用近邻 1∶2 匹配。
② 由于工业企业数据库的调查对象是全部的国有企业和规模以上的非国有企业，这意味着某一企业在数据库中消失的原因，除了真正的倒闭之外，还有可能是由于非国有企业的经营规模降到了工业企业数据库统计规模以下（2010 年之前（含 2010 年）企业经营规模为 500 万元以上，2010 年之后企业经营规模变为 2000 万元以上）。对此，借鉴马弘等（2013）的方法使用企业的所有制类型、营业状态和出现在样本中的初始年份来进一步识别企业的退出、存活状态。如果一个国有企业从样本中消失，直接定义为消亡，而如果一个非国有企业从样本中消失，只有它上一年为非运营状态时才定义为消亡。

$$\hat{s}(t_i) = \prod_{k=1}^{t}[(N_k - D_k)/N_k] \qquad (6-2)$$

其中，N_k 表示在 k 期中处于风险状态中持续存在时间段的个数，D_k 表示在同一时期观测到的"失败"对象的个数。本书采用 Kaplan - Meier 估计式初步考察进口对企业生存持续的影响。

图 6.1 描绘了进口企业与非进口企业生存持续时间的 Kaplan - Meier 生存曲线和危险函数曲线，结果显示出进口企业与非进口企业生存时间存在显著差异：相对非进口企业（im = 0），进口企业（im = 1）的 Kaplan - Meier 生存曲线的位置较高，而危险函数曲线位置较低，这表明与非进口企业相比，进口企业的生存持续时间相对更长，且进口企业倒闭的失败率相对更低。由此，本书推断，企业的进口行为可能在一定程度上降低了企业的生存风险，延长了企业生存时间。

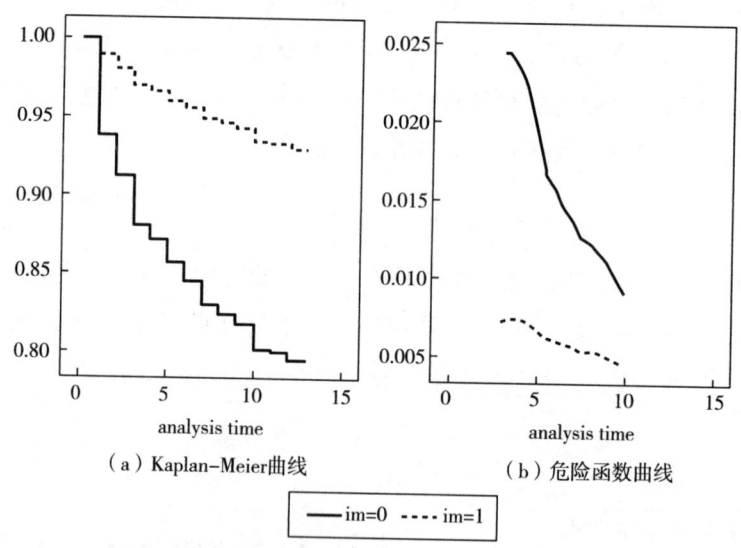

图 6.1　进口企业与非进口企业的 Kaplan - Meier 曲线、危险函数曲线

资料来源：根据中国海关进出口数据整理而得。

企业对投入品的进口是否越多越好，过度依赖进口是否对企业生存造成负面影响？为了检验这一疑问，本书对进口企业按进口强度（进口价值/企业总产值）大小①划分为高进口强度企业（dimc=1）和低进口强度企业（dimc=2），再与非进口企业（dimc=3）做对比，采用 Kaplan-Meier 估计进一步考察进口强度对企业生存的影响，如图6.2所示。图中生存函数曲线及危险函数曲线均表明，与低强度进口企业相比，高强度进口企业的生存时间更长、倒闭概率更低，这一现象说明企业进口行为能够降低企业退出市场的风险，延续企业生存，且企业进口强度越高，企业退出市场的风险越小。

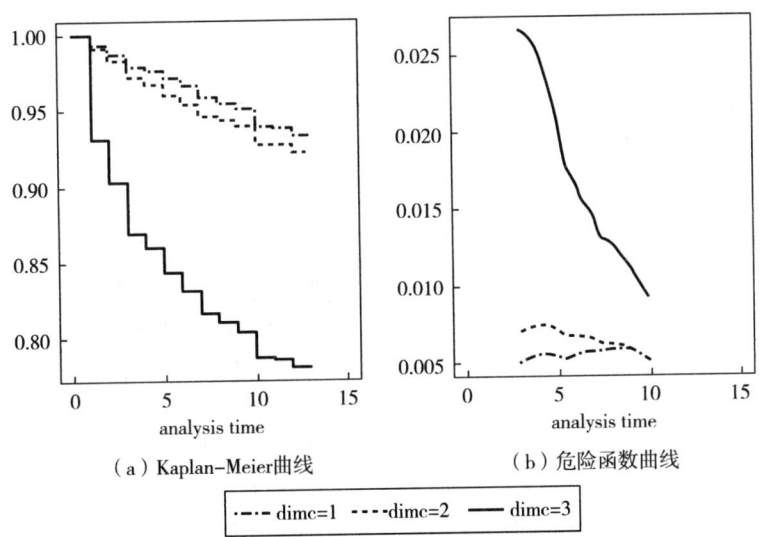

图6.2　不同进口强度企业的 Kaplan-Meier 曲线、危险函数曲线

资料来源：根据中国海关进出口数据整理而得。

图6.1和图6.2仅是初步地描述企业进口与企业生存持续时间之间可能存在的关系，由于 Kaplan-Meier 估计方法没有对影响企业生存特征的

---

① 按进口强度大小进行排序，高于进口强度平均值的为高进口强度企业，低于进口强度平均值的为低进口强度企业，进口强度为0的为非进口强度企业。

其他因素（如生产率、利润率、企业规模、所有制形式、企业自身异质性特征等）加以控制，用此方法得出的进口影响企业生存的估计结果可能存在偏颇。因此，为了更准确地考察进口对企业生存的影响，本书在下文中对影响企业生存特征的其他因素加以控制，利用 Cloglog 生存分析模型进行更为严谨的估计，并用 Weibull、Cox 生存分析模型进行稳健性检验。

三、模型设定与指标构建

（一）模型设定

利用回归方法可以进一步检查多元连续或分类自变量对企业生存的影响，并且可以将影响企业生存特征的其他因素加以控制，使进口对企业生存的估计结果更加可靠，本书借鉴 Esteve – Pérez 等（2013）的做法，进一步采用 Cloglog 生存模型估计进口对企业生存的影响。具体模型设定如下：

$$cloglog(1-h_{it}) = \log[-\log(1-h_{it})] = \varphi_0 + \varphi_1 im_{it} + \varphi \cdot \vec{Z}_{ijkt} + \tau_t + \nu_j + \nu_k + \nu_t + \varepsilon_{ijkt} \quad (6-3)$$

其中，$h_{it} = \Pr(T_i < t+1 \mid T_i \geq t, X_{it}) = 1 - \exp[-\exp(\varphi'X_{it} + \tau_t)]$ 表示离散时间风险率，如果被解释变量 $cloglog(1-h_{it})$ 越大，表明企业的风险率越高或者生存概率越低；τ_t 为基准风险率，是时间的函数，可用于检验时间依存性的具体形式。X_{it} 为影响企业生存的一切变量，包括核心解释变量、控制变量向量 $\vec{Z}_{ijkt}$；ν_j、ν_k 和 ν_t 分别为行业、地区和年份固定效应。

鉴于 Cox 比例风险模型也是比较常用的生存分析模型，进一步采用 Cox 比例风险模型估计做稳健性检验。Cox 比例风险模型假定企业在生存过程中面临各种风险冲击，$h(t,X)$ 表示在时间 t 上的失败风险率（Hazard Rate for Failure），也即企业 i 在 $t-1$ 期存活而在 t 期退出市场的概率，$h(t,$

X) 定义为：

$$h(t, X) = h_0(t)\exp(\beta_1 X_1 + \beta_2 X_2 + \cdots + \beta_k X_k) \quad (6-4)$$

两边取对数得：

$$\ln h(t, X) = \ln[h_0(t)] + \beta_1 X_1 + \beta_2 X_2 + \cdots + \beta_k X_k \quad (6-5)$$

其中，$h_0(t)$ 为基准风险（Baseline Hazard），是指对于某个观测者面对当所有变量 X 都等于 0 时的风险。$X'_i = (X_1, X_2, \cdots, X_p)$ 为影响企业 i 生存的变量，是各个解释变量的集合，$\beta = (\beta_1, \beta_2, \cdots, \beta_p)$ 为参数向量。假设存在两个企业，其影响因素分别为 X 和 X^*，那么具有风险因素 X 的企业相对于风险因素 X^* 的企业的风险率为：

$$\frac{h(t,X)}{h(t,X^*)} = \frac{h_0(t)\exp(\sum_{k=1}^{p} X_k \beta_k)}{h_0(t)\exp(\sum_{k=1}^{p} X_k^* \beta_k)} = \exp[\sum_{k=1}^{p} \beta_k (X_k - X_k^*)] \quad (6-6)$$

该比值是一个常数，Cox 模型之所以被称为比例风险模型，是因为在假设各个变量不随时间 t 变化时，其风险率成比例，即具有不同影响因素的两个企业的风险率之比不随时间改变。当假定其他因素不变时，以 X 表示企业参与进口贸易，X^* 表示企业未参与进口贸易，则 $\dfrac{h(t, X)}{h(t, X^*)}$ 表示进口企业相对于非进口企业所面临的风险率。Cox 回归以非参数方式对该风险作出估计，并且取得式（6-6）中那些 β 参数的最大似然估计，而并不需要知道基准风险函数 $h_0(t, X)$ 的准确分布。

（二）指标构建

为考察进口行为对企业生存的影响，借鉴国内外已有文献的方法，同时考虑到企业生产率、企业规模、盈利能力、年龄及其所属行业、所有权性质、地区等其他因素，本书设定公式（6-3）中影响企业 i 生存的变量主要包括：

1. 核心解释变量

企业进口行为，分别从进口倾向（im）、进口强度（$deimport$）和进口持续时间（timport）三个维度衡量。若企业参与投入品进口则定义进口倾向为1，反之为0；进口强度表示为企业进口总额与总产值的比值；进口持续时间为企业 i 从进入国际市场直至退出进口市场（中间无间断）所经历的时间。

2. 控制变量

依据既有的相关研究，在实证模型中考虑了可能对企业生存产生影响的相关控制变量，包括企业生产率($lnLP$)，用劳动生产率取对数表示，劳动生产率为企业总产出与企业从业人员数比值；企业盈利能力($profit$)，用营业利润与企业销售额的比值来衡量；企业规模($size$)，用从业人员数取对数衡量；企业年龄(age)，用当年年份与企业开业年份的差取对数衡量；出口强度(dex)，用企业出口交货值与企业销售额的比值表示。此外，还加入反映企业所有制特征的国有企业虚拟变量(soe)和外资企业虚拟变量($foreign$)；赫芬达尔指数($herfind$)，用来反映企业竞争程度，采用2位码行业中企业市场占有率的平方和的对数值表示；融资约束($finance$)，用利息与企业固定资产的比值表示；企业负债率($debt$)，用企业负债总额与企业当年总产值的比值衡量；年份、省份、行业虚拟变量。

3. 机制变量

为检验进口影响企业生存的作用渠道，还需要计算进口产品价值、进口产品种类及进口产品质量三个指标。

（1）进口产品价值。从海关数据库中通过加总整合得到每个企业每年进口的产品总价值（计价单位为美元），并按照2000~2013年人民币兑美元的年度汇率均值将其折算成人民币计价进口总值，再按照各地区工业品出厂价格指数平减为2000年的可比价数额。

（2）进口产品种类。按照 Bas 和 Strauss – Kahn（2014）的做法，定义企业进口产品种类数为国家—产品对，也就是说，来自不同国家的相同HS编码的产品记为不同的产品种类。

（3）进口产品质量。采用 Hallak 和 Schott（2011）、王永进和施炳展（2014）的方法计算企业的进口产品质量。具体地，采用进口数量对进口价格做回归取得残差来衡量产品质量。企业层面的产品质量指标表示为：

$$quality_{it}^{firm} = \frac{value_{ijt}}{\sum_{ijt \in \Omega} value_{ijt}} quality_{it}^{bz} \qquad (6-7)$$

其中，$value_{ijt}$表示企业进口的j产品的贸易价值量，而$\sum_{ijt \in \Omega} value_{ijt}$表示企业进口的所有产品的价值量。主要变量的描述性统计如表6.1所示。

表6.1 数据概况

变量	变量名称	均值	最小值	最大值	标准差
exit	企业是否退出市场	0.1137	0	1	0.3175
th	企业持续经营时间	8.1015	1	13	4.0097
im	进口倾向	0.4345	0	1	0.4957
deimport	进口强度（进口/总产值）	0.0419	0	0.9919	112.6438
deimport	进口强度（进口/企业销售产值）	0.0451	0	0.9946	120.68
timport	进口持续时间	4.5260	1	13	4.1819
lnimpy	进口价值量	14.2748	4.4162	25.1191	2.6711
lnimva	进口种类	2.1295	0	7.7911	1.4957
quality	进口产品质量	0.4299	0	1	0.1765
lnLP	劳动生产率	5.6477	-3.9551	15.0529	1.1223
profit	销售利润率	0.0582	-0.4654	0.8128	0.1306
lnsize	企业规模	5.4976	2.0794	12.1317	1.1506
lnage	企业年龄	1.9514	0	4.7185	0.8120
dex	出口密集度	0.3332	0	4.3681	0.4833
soe	国有企业虚拟变量	0.0202	0	1	0.1408
foreign	外资企业虚拟变量	0.6447	0	1	0.4786
herfind	赫芬达尔指数	0.0179	0.0005	1	0.0430
finance	融资约束	0.0347	0	0.7059	0.0665
debt	负债率	0.5664	0.0019	5.9453	0.6607

资料来源：根据中国工业企业数据库及海关数据库中相关数据整理计算得到。

四、实证分析结果

（一）基准回归

本章选取匹配成功的共 388308 个样本，其中实验组样本为 168757 个、控制组样本为 219551 个，采用 Cloglog 生存分析模型估计进口行为对企业生存风险的影响。表 6.2 汇报了进口倾向对企业生存风险的检验结果。表 6.2 中的第 1 列和第 2 列利用 2000~2013 年的数据检验了进口倾向对企业生存的影响，其中第 1 列未加入任何控制变量，变量 im 的估计系数显著为负，表明企业参与进口活动可以降低企业退出市场的风险，延续企业生存；第 2 列加入全部控制变量，检验结果可见，进口倾向的估计系数符号和显著性水平未发生实质性变化，说明回归结果具有较好的稳健性，这与图 6.1 中 Kaplan–Meier 生存曲线得到的结果一致。考虑到 2010 年后中国工业企业数据库的统计口径等问题可能对检验结果造成影响，本章使用 2000~2007 年的数据做稳健性检验，估计结果如表 6.2 中的第 3~第 4 列所示，结果显示，进口倾向对企业生存的影响系数符号及标准误大小未发生本质性改变；而表 6.2 中的第 5~第 6 列采用 Cox 比例风险模型进行稳健性检验，检验结果与 Cloglog 离散时间模型的估计结果相比，进口倾向对企业生存的影响系数符号及标准误大小有所改变，但是未发生本质性改变。总之，表 6.2 的稳健性检验结果显示出 Cloglog 离散时间模型的估计结果具有很高的稳健性。

表 6.2 进口倾向对企业生存的影响分析及稳健性检验

变量	Cloglog		稳健性检验			
			Cloglog	Cloglog	Cox	Cox
	2000~2013 年数据	2000~2013 年数据	2000~2007 年数据	2000~2007 年数据	2000~2013 年数据	2000~2013 年数据
im	-1.083*** (-93.17)	-0.965*** (-80.09)	-0.703*** (-44.05)	-0.545*** (-31.84)	-1.131*** (-97.26)	-0.996*** (-82.91)
$profit$		-1.006*** (-26.30)		-1.339*** (-20.10)		-0.904*** (-24.46)
$\ln LP$		-0.131*** (-24.72)		-0.277*** (-31.69)		-0.099*** (-19.36)
$\ln size$		-0.117*** (-25.81)		-0.416*** (-52.33)		-0.061*** (-13.98)
$\ln age$		0.139*** (22.76)		0.113*** (11.89)		0.069*** (11.50)
$finance$		-0.306*** (-3.64)		-0.373*** (-2.90)		-0.281*** (-3.41)
soe		0.039 (1.17)		0.135*** (3.03)		0.069** (2.11)
$foreign$		0.123*** (10.97)		0.168*** (9.50)		0.099*** (9.06)
$herfind$		-0.0468 (-0.70)		0.354 (1.60)		-0.094 (-1.45)
$debt$		0.095*** (14.01)		0.060*** (6.10)		0.108*** (16.64)
dex		-0.089*** (-10.08)		-0.106*** (-5.24)		-0.105*** (-12.10)
行业效应	否	是	否	是	否	是
省份效应	否	是	否	是	否	是
年份效应	否	是	否	是	否	是
观察值	383466	344511	229803	229803	388308	388308

注：***、**和*分别表示1%、5%和10%的显著性水平，括号中的数字为t值，在4分位行业水平上进行聚类。

控制变量的回归结果表明：在所有的估计模型中，企业生产率、企业利润率、企业的规模、融资约束、出口强度与企业生存风险之间存在显著的负相关关系，表明企业生产率越高，盈利能力越强，规模扩大、融资能力提升、出口强度提高都有利于降低企业生存风险；而企业年龄、企业负债率与企业生存风险之间存在显著正相关关系，表明企业年龄增加及企业负债率的提高增加了企业退出市场的风险。赫芬达尔指数对企业风险的影响效应未通过显著性检验；国有企业及外资企业的虚拟变量显示，国有企业及外资企业的生存风险要显著高于一般企业生存风险。

（二）进口强度与进口持续时间

前文依据进口倾向将样本划分为实验组和控制组，较为严谨地验证了企业参与进口活动可以降低企业生存风险，延续企业生存，但是这一结果只是反映了进口活动对企业生存风险的平均效应。接下来，我们有必要探讨企业进口是否越多越好；是否存在使企业生存风险降为最低的最优进口强度——即企业生存最优进口强度区间；进口持续时间是否越长越好。

将进口强度由低到高排序，并按四分位数为临界点将企业进一步划分为四种类型（$deim\ \tau$，$\tau = 1, 2, 3, 4$）：$im \times deim1$ 表示低进口强度实验组、$im \times deim2$ 和 $im \times deim3$ 表示中进口强度实验组、$im \times deim4$ 表示高进口强度实验组。在同一回归模型中可以通过比较估计系数的大小来判断不同进口强度对企业生存风险的异质性影响效应，并识别出能使企业生存风险最低的最优区间。表6.3中的第（1）~第（3）列汇报了进口强度及不同进口强度分位数的估计结果。表6.3中的第（1）列显示，$im \times deim1$、$im \times deim2$、$im \times deim3$ 及 $im \times deim4$ 的影响系数都为负，通过1%水平的显著性检验，且影响系数的绝对值有先变大后变小的趋势①。其中 $im \times deim3$ 的影响系数最大，说明进口强度对企业生存风险的影响呈现非平稳

---

① 从不同进口强度分位数的估计结果可以看出，进口强度第三、第四区间的影响系数是大于第一、第二区间的影响系数的，表明进口强度越高，企业生存风险越低，这与图6.2中Kaplan - Meier曲线估计结果一致。

特征，并非进口强度越强，对企业风险的抑制效应就越大，当进口强度处于 [0.0341，0.11645] 之间时，对企业生存风险抑制效应最强。但是，因四个交互项系数大小变化不大，进口强度与企业生存风险之间的 U 形关系不明显。接着，本书在模型中加入进口强度及进口强度的平方项，以检验进口强度与企业生存风险之间是否存在 U 形关系。表 6.3 中的第（2）～第（3）列结果显示，进口强度一次项估计系数显著为负，二次项估计系数显著为正，但是二次项的影响系数太小，表明进口强度与企业生存风险之间虽存在 U 形关系，但是只有当进口强度达到足够大时①（约大于 0.718，而进口强度大于 0.718 的企业在样本数据中不足 5%），才出现使企业生存风险变大的拐点，这与不同进口强度分位数的估计结果一致。可能的原因在于：一是如果过多依赖进口会削弱企业对研发活动的投入和自主创新能力提升的内在动力（张杰，2015），进而抑制企业全要素生产率的提升，不利于企业长期生存发展。二是企业过度进口，从长远来看会造成我国企业对国外投入品过度依赖，一方面容易引起国际市场上投入品价格上涨，另一方面国外企业拥有技术垄断势力，在信息不对称性情况下可能对国内进口企业索取高价，资本品和中间品的进口会增加企业的成本，降低企业利润，增加企业生存风险。三是企业过度进口造成我国对外依存度提高，企业生存发展极易受到国际政治局势动荡或金融危机的冲击，企业经营的不确定性风险加大。但是目前我国进口企业中至少有 95% 的企业进口强度达不到这一拐点，因此，这一结论验证了中国政府现阶段的"促进口"政策的现实重要性。表 6.3 中的第（4）列检验的是进口持续时间对企业生存风险的影响，结果显示，进口持续时间的估计系数也显著为负，说明企业进口行为持续时间越长，越能降低企业退出市场的风险，有利于延续企业生存。

本章采用 Cox 比例风险模型进行稳健性检验，如表 6.4 中的第（1）～第（4）列所示。稳健性检验结果和 Cloglog 离散时间模型估计结果相比，

---

① 本书利用样本数据计算得出，使企业生存风险变大的进口强度的拐点约为 0.718，在除去进口企业中的极端值外，进口强度超过 0.718 的仅有 3533 家，仅占样本中进口企业总数的 2.09%。

进口强度、进口持续时间对企业生存的影响系数符号及标准误大小有所改变，但是未发生本质性改变。表 6.4 中 Cox 比例风险模型的估计结果显示出，Cloglog 离散时间模型估计结果具有很高的稳健性。此外，鉴于各协变量对企业生存的影响可能存在滞后效应，本书借鉴了于娇等（2015）、Girma 等（2007）、Görg 和 Spaliara（2014）的处理方法，选用进口相关变量和其他控制变量的滞后项作为解释变量，进一步消除内生性偏误。在进一步消除内生性偏误后，检验结果依然稳健。限于篇幅限制，检验结果见附录。

表 6.3 进口强度对企业生存的影响分析（Cloglog 方法）

变量	Cloglog			
	（1）	（2）	（3）	（4）
$im \times deim1$	-0.931*** (-44.37)			
$im \times deim2$	-0.965*** (-44.67)			
$im \times deim3$	-0.993*** (-43.15)			
$im \times deim4$	-0.975*** (-45.80)			
$deimport$		-0.002*** (-29.53)	-0.004*** (-41.51)	
$deimport2$			0.000*** (37.39)	
$timport$				-0.175*** (-60.69)
控制变量	控制	控制	控制	控制
行业效应	是	是	是	是
省份效应	是	是	是	是
年份效应	是	是	是	是
观察值	344511	344511	344511	344511

注：***、**和*分别表示1%、5%和10%的显著性水平，括号中的数字为 t 值，在 4 分位行业水平上进行聚类。第（3）列中进口强度二次项的影响系数为 0.00000305。

表 6.4　进口强度对企业生存的稳健性检验（Cox 方法）

变量	Cox			
	（1）	（2）	（3）	（4）
$im \times deim1$	-0.975*** (-46.56)			
$im \times deim2$	-0.992*** (-43.41)			
$im \times deim3$	-1.009*** (-47.52)			
$im \times deim4$	-1.008*** (-46.70)			
$deimport$		-0.002*** (-29.24)	-0.004*** (-41.83)	
$deimport2$			0.000*** (38.54)	
$timport$				-0.173*** (-60.92)
控制变量	控制	控制	控制	控制
行业效应	是	是	是	是
省份效应	是	是	是	是
年份效应	是	是	是	是
观察值	388308	388308	388308	388308

注：***、**和*分别表示1%、5%和10%的显著性水平，括号中的数字为t值，在4分位行业水平上进行聚类。第（3）列中进口强度二次项的影响系数为0.00000311。

（三）影响机制检验

通过前文研究发现，企业进口行为能够降低其生存风险，延续企业生存时间，那么进口通过哪些渠道作用于企业生存？通过对相关文献进行梳理，本章将进口影响企业生存的作用机制分为直接效应和间接效应，其中直接效应包括数量效应、产品种类效应、产品质量效应，而间接效应表示为进口通过影响企业生产率及企业出口进而降低企业生存风险。下面将进口影响企业生存的传导机制进行量化，并对进口影响企业生存的作用渠道进行检验，检验结果如表 6.5 所示。

表 6.5 进口影响企业生存的影响机制检验（Cloglog 方法）

变量	直接效应				间接效应	
	(1)	(2)	(3)	(4)	(5)	(6)
im					-0.034*** (-5.42)	-0.067*** (-78.06)
$\ln impy$	-0.072*** (-82.81)			-0.057*** (-25.30)		
$\ln imva$		-0.378*** (-68.77)		-0.085*** (-9.37)		
$quality$			-1.862*** (-69.51)	-0.105*** (-2.28)		
$im*\ln LP$					-0.237*** (-7.71)	
$im*dex$						-0.283*** (-16.52)
$\ln LP$	-0.090*** (-17.36)	-0.096*** (-18.19)	-0.530*** (-42.34)	-0.149*** (-28.29)	-0.114*** (-21.33)	-0.073*** (-11.80)
dex	-0.075*** (-8.49)	-0.109*** (-12.12)	-0.140*** (-15.72)	-0.073*** (-8.25)	-0.106*** (-11.83)	-0.026*** (-17.44)
控制变量	控制	控制	控制	控制	控制	控制
行业效应	是	是	是	是	是	是
省份效应	是	是	是	是	是	是
年份效应	是	是	是	是	是	是
观察值	344511	344511	344511	344511	344511	344511

注：***、**和*分别表示1%、5%和10%的显著性水平，括号中的数字为t值，在4分位行业水平上进行聚类。

表 6.5 中对直接效应的检验结果显示，进口产品价值量、进口产品种类、进口产品质量的估计系数都为负，且均通过 1% 水平的显著性检验，表明随着企业进口产品数量的扩大、产品种类的增加、进口产品质量的提高，企业生存风险逐渐降低。特别注意的是，在将进口产品价值量、进口产品种类、进口产品质量加入同一模型后，发现三种直接效应中，进口产品质量的影响系数最大，其次是进口产品种类的影响系数，而进口产品数量的影响系数最小，表明在进口作用企业生存的三种直接机制中，产品质量效应起着主导作用。可能的原因在于：企业要想在激烈的市场环境中得以生存需要不断地进行产品创新或者技术革新，企业对于产品创新不仅包括对新产品的研制，还包括对原有产品的改进与换代，而对新产品的研制往往投入成本大、风险高且收益小，尤其是在产权保护制度不完善的发展中国家中，大多数企业对新产品创新是对现有产品改进而非创造全新产品。企业进口投入品种类的增加及产品质量提高为改进现有产品创造条件，拓展了企业新产品的生产和销售，进而降低企业退出市场的风险率，延长企业的经营持续时间。因此，中国企业在进口时应更加注重产品的多元化及产品的质量，进口是延续企业生存的有效途径。表 6.5 中对间接效应的检验结果显示出：加入间接机制的交互项后，与表 6.2 基准回归结果相比，im 的估计系数出现了下降，表明两种间接效应是存在的；进口与企业生产率的交互项及进口与出口强度交互项的估计系数符号为负，通过 1% 水平的显著性检验。这表明企业进口行为可以通过提升企业生产率引致出口，进而降低企业生存风险，延续企业生存。

五、异质性研究

前文研究的进口对企业生存的影响，仅是检验了进口影响企业生存的平均效应,而未考虑企业异质性和进口产品异质性的影响。由于企业自身在研发水平、企业规模、融资能力等方面均存在明显的差异性,且企业进口的产品在产品用途、产品来源国、产品技术含量、产品质量等方面也具有显著差异,那么进口对企业生存的影响效应可能会受到企业异质性及产品异质性影响,为此,接下来将分别从企业异质性(包括企业研发水平、企业融资能力、企业规模三个方面)及进口产品异质性(包括进口产品来源国和产品类型两个方面)深入考察进口对企业生存的异质性影响。

(一)企业异质性检验

1. 企业研发水平

进口对企业生存的影响受企业研发水平异质性的影响。企业新产品价值既体现了企业的研发水平,也体现了企业的技术吸收能力。因此,本章将企业新产品价值由低到高排序并以四分位数为临界点,将企业进一步划分为四种类型,在模型中加入进口与新产品价值分组虚拟变量的交叉项,以检验进口对不同研发水平企业的生存风险的影响,估计结果如表6.6中的第(1)列所示。第(1)列估计结果显示:进口与研发水平三个分组的虚拟变量的交叉项($im \times lnrd\_q$)的估计系数符号都显著为负,随着企业研发能力的提高,$im \times lnrd\_q$估计系数的绝对值变大。可能的原因在于,进口中学效应的发挥不仅靠企业简单地进口大量的、种类繁多、质量更高的投入品,还依赖企业的研发水平和企业自身对技术的吸收能力,一般来讲,企业研发能力越高,企业对技术的吸收能力越强,进而企业从进口中获益更多,有利于延续企业生存。

2. 企业融资能力

近年来,企业融资约束在贸易活动中的作用备受国内外学者的关注。相对非进口企业,进口企业参与进口活动需要额外垫付一定的沉没成本,因此企业融资能力可能会影响企业的进口行为。表6.6中的第(2)列考察了进口对不同融资约束企业生存风险的影响,三个交叉项($im \times finance\_q$)的估计系数都显著为负,且有变大趋势,说明进口对融资能力强的企业生存风险的抑制效应最大。可能的原因在于，企业融资能力越强，企业越倾向于进口，进而降低企业生存风险。

3. 企业规模

企业规模差异也是非常典型的企业异质性特征，本书将企业生产规模分为四等组，在模型中加入进口与企业规模的交叉项，以检验进口对不同规模企业的生存风险的影响，估计结果如表 6.6 中的第(3)列所示。估计结果显示：三个进口与企业规模分组的虚拟变量交叉项（$im \times lnsize\_q$）的估计系数符号都为负，且通过 1% 水平的显著性检验。三组 $im \times lnsize\_q$ 的影响系数逐渐变大，表明随着生产规模的扩大，进口对企业生存风险的抑制效应变大。

表 6.6 进口倾向对企业生存影响的异质性检验

变量	企业异质性			产品异质性	
	研发能力	融资能力	企业规模	产品类型	产品来源国
	（1）	（2）	（3）	（4）	（5）
im	-1.050*** (-75.57)	-0.585*** (-36.65)	-0.223*** (-13.19)		
$im \times C\_q_2$	-0.489*** (-6.23)	-0.575*** (-19.45)	-0.639*** (-25.63)		
$im \times C\_q_3$	-0.536*** (-6.14)	-0.637*** (-20.63)	-1.237*** (-38.10)		
$im \times C\_q_4$	-0.750*** (-8.23)	-0.766*** (-26.14)	-1.690*** (-49.95)		
$im \times m1$				-0.410*** (-11.21)	
$im \times m2$				-0.564*** (-39.23)	
$im \times m3$				-0.685*** (-23.58)	
$im \times mk$				-0.712*** (-30.67)	

续表

变量	企业异质性			产品异质性	
	研发能力	融资能力	企业规模	产品类型	产品来源国
	(1)	(2)	(3)	(4)	(5)
$im \times g7$					-1.085***
					(-73.59)
$im \times dexg7$					-0.628***
					(-31.47)
$im \times ding$					-1.050***
					(-30.54)
控制变量	是	是	是	是	是
行业效应	是	是	是	是	是
省份效应	是	是	是	是	是
年份效应	是	是	是	是	是
观察值	244152	344511	344511	344511	344511

注：***、**和*分别表示1%、5%和10%的显著性水平，括号中的数字为t值，在4分位行业水平上进行聚类。其中，C为企业异质性特征变量，包括企业研发能力 $lnrd$、融资能力 $finance$、企业规模 $lnsize$；$qr=1,2,3,4$表示将企业特征按照从小到大排序的四个分组（分别以企业新产品价值、企业融资能力、企业规模的四分位数为临界点，将进口企业划分为四个等分组，都以 $qr=1$ 为基准组），相应地，C_{it-qr} 表示企业特征虚拟变量，当企业 i 的 C 特征变量属于第 qr 分组时取值为1，否则为0。$m1$、$m2$、$m3$、mk 分别为不同类型产品的虚拟变量，处于该产品类型分组中取值为1，否则为0。$g7$、$dexg7$、$ping$ 为不同来源国的虚拟变量，处于该来源国分组中取值为1，否则取0。控制变量同表6.2。

（二）产品异质性检验

1. 产品类型分组

本章考虑到进口投入品因产品用途不同可以划分为很多种类，而不同类型的投入品在产品用途、产品技术含量、产品质量等方面也具有显著差异，因此进口对企业生存的影响可能会受产品异质性的影响。BEC 分类采用3位数编码结构，把国际贸易商品分为七大类19个基本类。其中，BEC 代码为111、121、21、22、31、322、42、53 属于中间产品；41、521 属于资本品。考虑到中间产品也包含很多种类，本书按 BEC 分类标准将中间产品进一步细分划分为三大类①，其中111、21、31为初级中间投入品（$m1$）；121、22、322为加工型中间投入品（$m2$）；42、53为零配件（$m3$）；因资本品仅包含41、521两个门类，而且中国企业对521运输设备的进口数量很少，因此将不再对资本品（mk）进行细分。表6.6中的第（4）列为不同类型的进口产品对企业生存的异质性影响的检验结果，结果显示：所有类型的进口产品的影响系数均显著为负，说明所有类型的进口产品都能降低企业生存风险。值得注意的是，$im \times mk$的系数大于三种中间品的影响系数，说明资本品的影响效应要强于中间品的影响效应；在三种类型的中间品中，零部件进口对企业生存风险的抑制效应最强，其次是加工型中间产品，而初级型中间品对企业生存风险的抑制效应最小。原因可能是：与进口中间品相比，企业进口资本货物对提升企业生产率及企业盈利能力能起到直接的促进效应（张杰等，2015；康志勇，2016），企业生产率提升是企业生存的核心，而企业盈利能力的提升是企业生存的基础，因此，资本货物进口对企业生存风险的抑制效应最强；在三种类型的中间品中：零配件的质量水平最高、拥有的技术含量最高，因而对企业生存风险的抑制作用最强；加工型中间品因质量水平及技术含量居中而对企业生存风险的抑制效应居中；而初级型中间品因其质量水平及技术含量最低且进口产品种类单一，对企业生存风险的抑制效应最小，但是初级产品的进口因能弥补企业国内生产要素不足的劣势或者节约企业生产成本，也能降低企业生存风险，延续企业生存。2000~2014年，中国进口产品结构虽然发生了结构性调整，但中国的进口结构还很不合理，进口的产品以资源性产品和矿产品等初级型中间产品居多，而且与发达国家进口结构相

---

① 初级中间品包含111、21、31三个门类：111为食品和饮料，初级，主要用于工业；21是未另归类的工业用品，初级；31为燃料和润滑剂，初级。加工型中间产品包含121、22、322三个门类：121为食品和饮料，加工，主要用于工业；22为另归类的工业用品，加工；322为燃料和润滑剂，加工（不包括汽油）。零配件包含42、53两个门类：42为资本货物（运输设备除外）零配件，53为运输设备零配件。资本品仅包含41、52两个门类：41为资本货物，521为工业运输设备，且中国制造业企业对资本品中521为运输设备的进口数量很少，因此将资本品（$import\_k$）不再进行分类。

比，中高技术产品、高技术产品的进口份额仍然偏低（魏浩等，2016）。因此，当前中国政府在调整进口政策时，应引导并鼓励企业进口关键性零配件、高端的设备与高技术含量产品以加快中国企业技术升级。

2. 产品来源国分组

鉴于不同来源国的产品可能对企业生存产生差异化影响，本章将企业按进口产品来源国进行分组检验，分为从G7国家进口（$g7$）、从G7国家以外的其他发达国家进口（$dexg7$）、从欠发达国家进口（$ding$）。检验结果如表6.6中的第（5）列所示，结果显示，$im \times g7$、$im \times dexg7$、$im \times ding$的影响系数都显著为负；从影响系数大小来看，$im \times g7$的影响系数最大，其次是$im \times ding$，$im \times dexg7$的影响系数最小。这说明不论是从发达国家进口还是从欠发达国家进口产品，都有助于降低企业的生存风险，但是从G7国家进口的产品对企业生存风险的抑制作用更为突出，而来自除G7国家之外其他发达国家的产品对企业生存风险抑制作用最小。可能的原因在于，从知识密集度更高的G7国家进口产品的技术含量及产品质量水平比其他国家高，从而更有利于降低企业的生存风险，延续企业的生存时间。

六、进一步研究

前文研究的进口对企业生存的影响检验了进口影响企业生存的平均效应，也探究了企业异质性特征及进口产品异质性的影响。下面将进一步检验进口对我国内外资企业的影响有无差异，以得到有利于我国内资企业发展的政策启示。企业所有制差异也是非常典型的企业异质性特征。针对中国制造业企业的大量研究发现，所有制差异能影响中国企业获得各种要素资源的能力，是企业开展各项经济行为活动的重要因素，本章进一步将样本划分为国有集体企业、私营企业和外资企业三个不同样本组并分别进行实证检验，以考察进口对我国内外资企业的生存有无差异化影响。表6.7是从进口强度、进口产品种类和进口产品质量三个方面综合考量进口对中国内外资企业生存持续时间的异质性影响的检验结果。

表6.7 不同所有制类型分样本检验结果

变量	国有及集体企业			私营企业			外资企业		
	进口强度	产品种类	产品质量	进口强度	产品种类	产品质量	进口强度	产品种类	产品质量
$lndeimport$	-0.086* (-1.93)			-0.070* (-1.73)			-0.040*** (-10.3)		
$lndeimport^2$	0.004** (2.24)			0.004* (1.83)			0.003*** (2.62)		
$lnimva$		-0.025** (-2.31)			-0.036*** (-3.42)			-0.085*** (-24.49)	
$quality\_im$			-0.507*** (-5.48)			-0.170*** (-2.94)			-0.848*** (-24.47)
控制变量	控制	控制	控制	控制	控制	控制	控制	控制	控制
行业效应	是	是	是	是	是	是	是	是	是
省份效应	是	是	是	是	是	是	是	是	是
年份效应	是	是	是	是	是	是	是	是	是
观察值	17553	17553	17553	25684	25684	25684	163612	163612	163612

注：***、**和*分别表示1%、5%和10%的显著性水平，括号中的数字为t值，在4分位行业水平上进行聚类。

在不同所有制类型的分样本估计结果中：首先，从进口强度对企业存续异质性检验的结果可见，在三种类型企业中，进口强度一次项的估计系数为负，二次项的估计系数为正，但只有外资企业影响系数通过1%水平的显著性检验，内资企业（包含国有集体企业与私营企业）的进口强度影响系数虽然绝对值相对更大，但是仅通过10%水平的显著性检验。其次，进口产品种类对企业存续异质性检验的结果可见，在三种类型企业中，进口产品种类的估计系数都为负，私营企业与外资企业的影响系数通过1%水平的显著性检验，而国有集体企业的影响系数仅通过5%水平的显著性检验。最后，进口产品质量对企业存续异质性检验的结果可见，在三种类型企业中，进口产品质量的估计系数都为负，且均通过1%水平的显著性检验，外资企业的影响系数的绝对值最大，国有企业次之，而私营企业的影响系数最小。

综上，相对内资企业，进口对外资企业的存续时间的正向影响效应更显著，可能的原因在于，首先，外资企业相对内资企业来讲，其生产率、技术水平及人力资本水平更高，更有效地使用高质量进口产品，而且对高质量的进口产品的技术吸收能力更强；其次，外资企业较之内资企业更熟悉国际市场，更善于跟国外投入品供应商打交道，进口的投入品的生产成本往往更低。此外，在内资企业中，进口强度对内资企业的存续时间的正向影响效应有限，但是进口产品种类的增加及进口产品质量的提高能显著地提升中国内资企业的生存概率。这说明对内资企业来讲，进口产品数量的增加并不是进口提升企业生存概率延长企业生存时间的主要途径，而进口产品种类的增加及进口产品质量的提高是进口提升企业生产概率的主要途径，尤其是进口产品质量起着主导作用。因此，中国企业进口时不应该简单追求数量的增加，而是注重进口产品多元化，同时更加注重产品质量，进口高质量产品是延续企业生存的有效途径。

七、本章小结

企业生存期限短暂问题成为困扰我国政府及企业经营者的难题，本章针对这一难题，试图寻找一种可以降低企业风险，延长企业生存时间的方案，即通过进口来降低中国企业生存风险。利用2000~2013年中国制造业企业和中国海关数据库的合并数据，运用生存分析法深入探讨了企业进口行为对企业生存的影响。

本书的主要结论可以概括为：第一，企业进口活动有助于降低企业的生存风险，且随着进口强度的增大和进口持续时间的增长，企业生存风险逐渐降低。企业进口强度虽然与企业生存风险之间存在 U 形关系，但是至少有 95% 的企业并未达到使企业生存风险上升的拐点。第二，检验了进口影响企业生存的具体途径，分为直接效应和间接效应。企业进口产品数量的扩大、进口产品种类的增加及产品质量的提高显著降低了企业生存风险，其中进口产品质量起主导作用；在间接效应下，进口通过提升企业生产效率、引致出口或扩大出口范围进而延续企业生存。第三，分别从企业异质性（包括企业研发水平、企业融资能力、企业规模三个方面）及进口产品异质性（包括进口产品来源国和产品类型两个方面）深入考察进口对中国制造业企业生存的异质性影响。企业自身异质性检验的结果显示：进口对企业生存风险的抑制作用会受到企业研发水平、企业融资能力、企业规模的影响，随着企业研发水平的提高、企业融资能力的增强及企业规模的扩大，进口对企业生存风险的抑制效应变大。产品异质性检验的结果显示：资本品及中间品中零配件对企业生存风险的抑制作用较强，其次是加工型中间品，而初级型中间品对企业生存风险的抑制效应最小；无论是从发达国家进口还是从欠发达国家进口产品，都有助于降低企业生存风险，但是从 G7 国家进口的产品对企业生存风险的抑制作用更为突出，而从除 G7 国家之外其他发达国家进口的产品对企业生存风险抑制作用最小。

第七章
结论与展望

近年来,企业的国际贸易活动和企业绩效之间的关系问题已经成为国际经济领域研究的热点和前沿话题。随着全球经济的低速增长,中国经济进入新的发展阶段,出口贸易受阻,国内企业生存压力加大,目前中国企业正处于生产绩效改进及产品质量升级的关键阶段。因此,在当前全球经济低速增长的新形势下,企业通过进口可能会提高企业生产效率,改善企业经营绩效,延续企业生存时间,并为产品质量升级及产业结构转型提供新动力。本书着力对企业进口与企业生产绩效作全面而深入的研究,为我国微观企业如何提高生产效率,提升盈利能力及提高企业生存概率和延长生存时间提供了重要的政策参考价值。本章将对全书研究进行总结,归纳、概括本书的主要结论,在此基础上得到相应的政策启示,并就本书在研究过程中存在的局限性和不足进行说明,针对现有研究的局限及不足提出了研究展望。

一、研究结论

(一)关于进口与企业生产率

进口对企业生产率影响的主要结论可以概括为:第一,进口与企业生产率之间存在正相关关系，进口通过产品技术溢出效应、产品种类效应、产品质量效应三条作用渠道影响企业的生产效率，其中以产品质量效应为主导。第二，从整体上讲，企业进口有利于促进企业生产效率的提高，即进口学习效应是存在的，且随时间增加进口学习效应也在逐渐增强。资本品及中间产品进口都对中国企业的生产率产生了显著提升作用，资本品的进口学习效应比中间品的进口学习效应更强、更显著。第三，从分样本的估计结果来看，企业的进口学习效应主要来源于发达国家的进口，尤其从G7国家进口产品的进口学习效应最突出，而从欠发达国家进口产品的进口学习效应有限。第四，如果将中间品和资本品进一步分类，资本品进口对企业生产率的影响作用最大，其次是中间品中零配件和加工型中间品，而初级中间品对企业生产率的影响效应有限。

（二）关于进口与企业利润率

进口对企业盈利能力影响的主要结论可以概括为：第一，从总体上看，企业进口有助于提高企业的盈利能力，特别是对一般贸易企业盈利能力的提升作用更强，过度依赖进口也会对企业盈利能力产生负面影响。第二，在总体贸易情形下，唯有资本品进口能够显著提升企业的盈利能力，而中间产品的进口降低了企业的盈利能力；在一般贸易情况下，企业对两种产品的进口都能提升企业的盈利能力，其中资本品进口对企业盈利能力提升作用最强。第三，进口对企业盈利能力的影响会受企业生产率异质性的影响，当企业生产率及人力资本水平很低时，进口反而降低了企业的盈利能力，随着企业生产率及企业人力资本水平的提高，进口对企业盈利能力的影响由负向转为正向，且正向促进作用逐渐变大。第四，在一般贸易情形下，进口可以显著地提升企业的生产率、提高企业的成本加成，扩大企业出口，进而提升企业盈利能力，即企业生产率、企业成本加成和企业出口是进口影响企业盈利能力的传导机制；但是在总体贸易情况下，可能受加工贸易的影响，仅有企业生产率及企业成本加成通过了中介效应检验，企业出口未通过显著性检验。

(三) 关于进口与企业生存

进口对企业生存影响的主要结论可以概括为：第一，企业进口活动有助于降低企业的生存风险，且随着进口强度的增大和进口持续时间的增长，企业生存风险逐渐降低。企业进口强度虽然与企业生存风险之间存在U形关系，但是至少有95%的企业并未达到使企业生存风险上升的拐点。第二，检验了进口影响企业的生存的具体途径，分为直接效应和间接效应。企业进口产品数量的扩大、进口产品种类的增加及产品质量的提高显著降低了企业的生存风险，其中进口产品质量起主导作用。在间接效应下，进口通过提升企业生产效率、引致出口或扩大出口范围进而延续企业生存。第三，分别从企业异质性（包括企业研发水平、企业融资能力、企业规模三个方面）及进口产品异质性（包括进口产品来源国和产品类型两个方面）深入考察进口对中国制造业企业生存的异质性影响。企业自身异质性检验的结果显示：进口对企业生存风险的抑制作用会受到企业研发水平、企业融资能力、企业规模的影响，随着企业研发水平的提高、企业融资能力的增强及企业规模的扩大，进口对企业生存风险的抑制效应变大。产品异质性检验的结果显示：资本品及中间品中零配件对企业生存风险的抑制作用较强，其次是加工型中间品，而初级型中间品对企业生存风险的抑制效应最小；无论是从发达国家进口还是从欠发达国家进口产品，都有助于降低企业生存风险，但是从G7国家进口的产品对企业生存风险的抑制作用更突出，而来自除G7国家之外其他发达国家的产品对企业生存风险抑制作用最小。

二、政策启示

本书通过严格的计量方法检验评估了进口对企业绩效的影响。研究结论一方面在一定程度上丰富了进口与企业绩效的关系的研究,另一方面为我国现阶段"促进口"战略的实施提供了有益的政策启示。

(一) 企业层面

首先,我国企业应充分了解国内外市场供应信息,根据自身情况积极参与国际分工,借助进口降低生产成本、获取技术溢出、提高企业利润、扩大出口等渠道充分发挥进口改善企业绩效的作用。

其次,企业因自身在全球价值链中的定位、进口产品的价格、质量及市场供应情况等多种影响因素下,选择的进口来源地及进口产品类型不同。我国企业进口时在注重产品多元化的同时应更加注重产品质量,进口高质量的产品是提高生产率及盈利能力的有效途径。

再次,进口学习效应的发挥不仅靠企业简单地进口种类繁多、质量更高的投入品,还依赖企业自身对技术的吸收能力,一般来讲,企业生产效率及人力资本水平越高,企业对技术吸收能力越强,进而企业从进口中获益更多,有利于改善企业经营绩效。对此,企业应一方面增加研发投入,通过改进生产工艺、自主创新等措施及时技术跟进及更新,提升企业生产效率;另一方面,要注重高技术人才的引进及对现有员工及时进行技术培训。

最后,相对非进口企业,进口企业参与进口活动需要额外垫付一定的沉没成本,因此企业融资能力可能会影响企业的进口行为。由于发展中国家金融市场发展不完善,国内企业尤其是私营企业融资困难,进而影响了企业参与国际贸易活动。企业可以借助国际贸易融资,既能缓解国内融资难的困境,同时又能拓展金融机构业务。此外,企业在进口时应考虑汇率变动对资产运营、盈利能力等方面的影响,尽快学习金融操作知识,通过调整结算方式规避汇率风险。

(二) 政府层面

首先,我国政府应进一步营造法治化、国际化、便利化、公平竞争的营商环境，促进对外贸易持续、健康、平衡的发展，推动我国实现由贸易大国向贸易强国的转变。

其次，我国进口的产品结构存在极大的不合理性，主要表现为进口产品以资源性产品和矿产品等初级型中间产品居多，而关键性零配件、资本品的进口相对较少。当前我国政府在调整"促进口"政策时，应鼓励企业进口关键性零配件及高端的设备与技术以加快中国企业的技术及产品质量升级。要引导企业进口时在注重产品多元化的同时要更加注重产品质量，进口高质量、高技术的中间产品是获得绩效提升的有效途径。

再次，我国应该加快完善进口政策，搭建更多平台以鼓励企业投入品进口，拓展从发达国家进口，尤其是支持企业多从知识密集度高的 G7 国家进口，企业在加大对高技术含量中间投入品进口的同时，也要注重提升国内企业自身吸收能力。

最后，顺应全球自由贸易发展及汇率变动的新形势对国内金融市场发展的新要求，完善金融体系建设，为企业发展构建坚实的金融环境。具体来说，一方面，我国需要进一步扩大金融市场规模、鼓励金融创新，推出风险对冲工具应对汇率风险；另一方面，我国应加强金融市场基础设施建设，提高金融市场服务质量，做到及时、准确披露各种经济信息，并进一步完善风险预警等配套设施，做支持企业发展的坚强后盾。

三、研究展望

本书以企业进口为研究视角，将企业绩效分为企业生产率（衡量企业生产能力方面绩效）、企业利润率（衡量企业盈利能力的绩效）、企业生存（衡量企业长期发展的绩效）三个维度对进口贸易和企业绩效进行全面而深入的研究，在一定程度上丰富了我国关于企业进口行为与其企业绩效的经验研究，更为重要的是，了解经济增长的微观决定因素、客观评估我国进口战略的经济绩效和实现我国产品质量升级及经济结构转型具有重要的现实意义。诚然，本书的研究还存在一些不足和需要改善的地方，如以下几个方面值得未来作进一步拓展研究：

第一，在目前情况下，存在很多通过贸易公司间接进口的企业，但是因缺少间接进口的数据，本书仅考虑了企业的直接进口行为，而忽略了间接进口及同行业其他企业进口竞争对本企业绩效的影响。

第二，本书研究进口对企业绩效的影响，主要以企业生产率、企业利润率和企业生存三个角度展开，然而进口还会对企业其他方面产生影响，如企业的出口活动、企业创新能力、企业规模分布、企业员工工资等。对这些问题的研究有助于全面认识进口对企业层面的影响。

第三，进口与企业内部技术有偏、技术溢价问题是国际经济领域最近比较流行且非常有意义、有趣的话题。从国外进口的投入品如进口的资本品和进口的中间产品可能与高技术工人之间互补关系，而与低技能工人之间是替代关系（Krusell 等，2000；Crinò，2009；Burstein 等，2013；Hummels 等，2014）。因为贸易的开放和人均收入的提高，消费者追求高质量的产品，进而对高技术工人的需要增加，产生技能溢价。Fieler 等（2016）研究了质量和技能溢价之间的关系。Caron 等（2017）认为与发达国家开展贸易以及本国居民人均收入的增加，都将导致对高质量产品的需求增加，高质量产品的生产需要相对高技能的劳动力，能提高技能溢价。但是因局限于缺少企业内部高低技术工人人数及其工资数据，企业内部技术有偏，无法衡量，致使国内相关研究搁浅。

第四，本书仅研究了企业进口行为对本企业绩效的影响，但是进口通过影响自身企业的绩效，同时也会对行业层面资源分配及其他企业进入或退出产生影响，即进口对行业内部的资源再配置效应。行业内部的整体企业绩效的变动可以分为企业内效应（Within Firm Effect）、企业间效应（Across Firm Effect）、进入效应（Entry Effect）及退出效应（Exit Effect）

四个方面。进口对行业内部资源再配置问题值得深入关注。

第五，本书未考虑到企业所处的行业差异化影响。例如，根据 Rauch（1999）的研究行业可以分为同质性产品行业和异质性产品行业，因为产品的替代弹性、收入弹性不同，进口对同质性产品企业的影响和异质性产品企业的影响是存在差异的。根据 Lall（2000）的方法，将样本数据所涉及的工业行业可以划分为劳动密集型、资本密集型和技术密集型三大类别①。企业所属行业要素密集度之间的差异可能导致企业作出不同的决策或采取不同的进口行为，同时不同行业的企业技术吸收能力也有所差异。进口对企业绩效的行业异质性影响有待进一步拓展。

第六，企业进口不可回避的两个问题，一是进口关税，二是汇率变动。本书仅仅分析了企业进口行为对企业绩效的影响，未考虑到进口关税及汇率变动风险的影响，希望在以后的研究中将进口关税与汇率变动的影响加入到分析模型中。

第七，FDI 与进出口贸易均涉及生产要素和商品在国际间的流动，自新古典贸易理论以来便不乏对两者关系的探讨，发展至新新贸易理论，相关研究多考虑企业国际化路径的选择，即 OFDI 和出口贸易对企业绩效的影响（Girma 等 2007；张杰等，2009），而对 FDI 和进口贸易对企业生产率影响的研究相对较少。在传统比较优势理论中，某国选择进口贸易是由于本国生产不具备比较优势，对比较优势理论进行拓展可知，东道国选择

---

① 劳动密集型行业包括06 煤炭开采和洗选业，08 黑色金属矿采选业，09 有色金属矿采选业，13 农副食品加工业，14 食品制造业，17 纺织业，18 纺织服装、鞋、帽制造业，19 皮革、毛皮、羽毛（绒）及其制造业，20 材加工及木、竹、藤、棕、草制品业，21 家具制造业，24 文教体育用品制造业，31 非金属矿物质品业，34 金属制品业，11 其他采矿业，31 非金属矿物制品业，42 工艺品及其他制造业，43 废弃资源和废旧材料回收加工业；资本密集型行业包括：07 石油和天然气开采业，15 饮料制造业，16 烟草制造业，22 造纸及纸制品业，23 印刷业和记录媒介的复制，25 石油加工、炼焦及核燃料加工业，26 化学原料及化学制品制造业，28 化学纤维制造业，29 橡胶制品业，30 塑料制品业，32 黑色金属冶炼及压延加工业，33 有色金属冶炼及压延加工业，44 电力、热力的生产和供应业，45 燃气生产和供应业，46 水的生产和供应业；技术密集型行业包括：27 医药制造业，35 通用设备制造业，36 专用设备制造业，37 交通运输设备制造业，39 电气机械及器材制造业，40 通信设备、计算机及其他电子设备制造业，41 仪器仪表及文化、办公用机械制造业。

FDI 也因其相对于本国投资而言具有比较优势。进一步来看，面向东道国市场 FDI 的目的在于满足国内市场需求，可看作一种间接形式的进口。在开放视角下，某国国内生产具有比较劣势时，可选择 FDI 或进口形式来弥补东道国国内市场供求偏差。因此，在国内供求产生偏离的条件下，关于东道国应该选择引进 FDI 还是直接进口的研究具有十分重要的政策意义。

附 录

附表1　2000~2007年新进口企业统计

指标	总进口	中间品进口	资本品进口	发达国家	G7国家	欠发达国家
总样本数量（家）	1637937	1637937	1637937	1637937	1637937	1637937
进口企业数量（家）	178760	166727	94990	173078	133946	83369
进口企业占比（％）	10.91	10.18	5.80	10.57	8.18	5.09
首次进口企业数量（家）	21093	24645	54742	22585	38513	67955
首次进口企业占比（％）	1.29	1.50	3.34	1.38	2.35	4.15

从附表1可以看出，新进口企业的比率，从进口投入品种类来看，中国进口企业中约有93%的企业进口了中间产品，约53%的企业进口了资本品；从进口来源国来看，有90%以上的进口企业从发达国家进口，其中约有75%的企业是从G7国家进口的，而约47%的企业从欠发达国家进口。总的新进口企业占比为1.29%，中间品新进口企业占比为1.50%，资本品新进口企业为3.34%，从发达国家进口的新进口企业占比为1.38%，从G7国家新进口企业占比为2.35%，从欠发达国家进口的新进口企业占比为4.15%。这说明中国制造业进口企业进口的产品以中间产品为主，多数是从发达国家进口的而且主要是从发达国家中的G7国家进口。

附 录

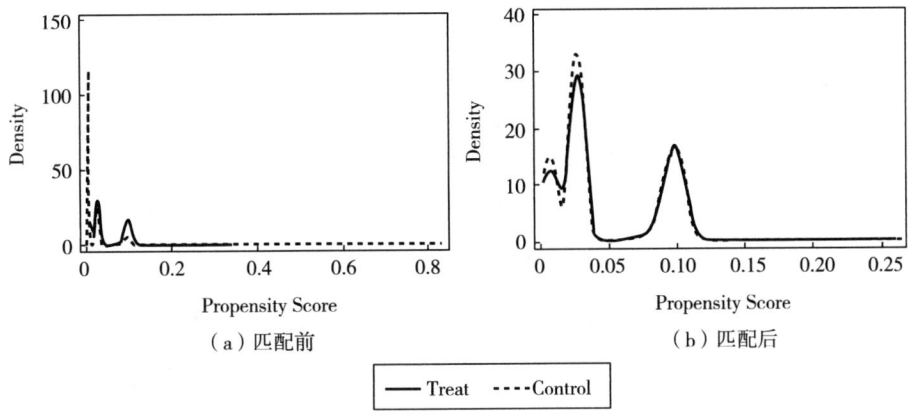

（a）匹配前　　　　　　　　　　（b）匹配后

—— Treat　---- Control

附图 1　PSM 匹配效果分析

附表 2　PSM 匹配变量平衡检验结果

协变量	样本	均值		标准偏差（%）	误差削减（%）	t - test	
		处理组	对照组			t	P>t
L.Y	匹配前	47829	27933	3.6	86.4	8.28	0.000
	匹配后	47829	45132	0.5		0.44	0.66
L.P	匹配前	1.9e+05	1.1e+05	6.0	84.3	10.98	0.000
	匹配后	1.9e+05	1.7e+05	0.9		0.95	0.343
L.L	匹配前	488.07	288.72	12.7	84.6	23.4	0.000
	匹配后	488.07	457.4	2.0		1.7	0.09
L.K	匹配前	63261	43100	2.8	92.6	4.26	0.000
	匹配后	63261	61772	0.2		0.20	0.838
L.KL	匹配前	141.42	140.96	0.0	-348.5	0.01	0.000
	匹配后	141.42	124.28	0.3		1.51	0.994
L.Foreign	匹配前	0.53602	0.14887	89.4	96.2	168.4	0.000
	匹配后	0.53602	0.52145	3.4		3.25	0.001
L.Dexp	匹配前	0.37938	0.12708	68.5	97.9	126.5	0.000
	匹配后	0.37938	0.37446	1.4		1.37	0.179
L.Finance	匹配前	0.05873	0.0867	-1.0	41.4	-1.15	0.250
	匹配后	0.05873	0.07512	-0.6		-2.44	0.015

附表3 BEC 分类简介

按经济大类（BEC）分类	SNA 的基本货物类别
1 食品和饮料	
1.1 初级	
1.1.1 主要用于工业	中间货物
1.1.2 主要用于家庭消费	消费品
1.2 加工	
1.2.1 主要用于工业	中间货物
1.2.2 主要用于家庭消费	消费品
2 未另归类的工业用品	
2.1 初级	中间货物
2.2 加工	消费品
3 燃料和润滑剂	
3.1 初级	中间货物
3.2 加工	
3.2.1 汽油	未分类
3.2.2 其他	中间货物
4 资本货物（运输设备除外），及其零配件	
4.1 资本货物（运输设备除外）	资本货物
4.2 零配件	中间货物
5 运输设备及其零配件	
5.1 载客汽车	未分类
5.2 其他	
5.2.1 工业	资本货物
5.2.2 非工业	消费品
5.3 零配件	中间货物
6 未另归类的消费品	
6.1 耐用品	消费品
6.2 半耐用品	消费品
6.3 非耐用品	消费品
7 未另归类的货物	

BEC分类采用3位数编码结构，把国际贸易商品分为七大类19个基本类。BEC中的19个基本类型同国民核算体系（SNA）中的基本货物类别（资本品、中间品及消费品）的对应关系如上：

具体说明：

（1）在类型1（食品和饮料）、类型2（未另归类的工业供应品）、类型3（燃料和润滑剂）中，都设立了初级商品亚类和加工商品亚类。总体来说，如果商品具有初级经济部门的产品特点，就被列入初级亚类，如农业、林业、渔业、狩猎以及采掘业的产品。另外，一些商品虽然具有别的经济部门产品的特点，但如果其价值几乎全部来自初级部门（如制造业）的某种产品，则也同样被列入初级亚类。例如，棉花经过轧棉机处理后发生了物理变化，但皮棉的大部分价值来自农业部门，因此棉花在BEC中仍被列为初级商品，而不是像在《所有经济活动的国际标准工业分类》（ISIC）中被列为纺织业的一种产品。罐头食品和加工食品的价值大部分来自食品加工业，在BEC中一般都被排除在初级类型之外，属于加工产品。所以，如果一个商品是农业、林业、渔业和狩猎业或者采掘业的产品并且转移的价值很小，那它就属于初级亚类。废物废料在BEC中也属于初级商品。在BEC中，如果一种商品没有被界定为初级，那它就属于加工产品。

（2）为了便于按照SNA中的各个类别来进行分析，在类型1（食品和饮料）中的第11类型（初级食品和饮料）及第12类型（加工食品和饮料）被进一步细分为"主要用于工业"和"主要用于家庭消费"的商品。BEC类型1中的许多食品的主要或通常最终用途是家庭消费，其余的则用作工业中的中间货物。例如，茶叶同罐头食品一样主要用于家庭消费。而小麦通常供谷物加工业生产面粉，而面粉又通常供面食店生产面包，因此，小麦和面粉可以被当作食品业的中间货物。另外，许多食品有时用于工业用途，有时又用于家庭消费。在类型11中，绝大多数的货物都可以有两个用途，将它们按照SNA中的货物类别进行划分的唯一可行的办法是采用惯例。例如，按照惯例，国际贸易中的粮食通常用于工业而国际贸易中的新鲜水果和蔬菜通常用于家庭消费。在类型12中，大多数的货物都可以确切地列入SNA中的一个货物类别，但在某几个商品的处理上还是较多地采用了惯例。

（3）在类型2（未另归类的工业用品）中，不需要对初级和加工两亚类再进行细分，因为该类型对应的SNA货物类别仅有中间货物一种。

（4）在类型3（燃料和润滑剂）中，加工类产品被进一步细分为亚类321（汽油）和亚类322（其他加工燃料和润滑剂）。汽油单列出来的原因是，汽油是工业和消费者都经常使用的一种商品，既是一种中间货物，也是一种消费货物。在BEC被单列出来，但没有被划入一个具体的SNA类别。类型31（初级燃料和润滑剂）和类型322（其他加工燃料和润滑剂）中的商品全部属于中间货物。

（5）类型4（资本货物（运输设备除外）及其零配件）被分为两个亚类。这两个亚类根据商品的主要最终用途是资本货物——41（资本货物（运输设备除外））还是中间货物——42（零配件）来对其进行划分。这一类型包括机械，如发电机及电脑，以及其他制成品，如医疗设备。这一类货物在工业、政府及非营利的私营机构中都有使用。它们实际上是一种生产者货物，在SNA中被界定为固定资本构成的一部分，因此属于资本货物。对机械的维护有至关重要作用的零配件，以及供应给组装厂的组装机械部件等是对工业的投入，故也被看作中间货物。

（6）类型5（运输设备及其零配件）包括轮船、公路车辆、飞机、铁道和有轨车辆的成品及其零配件。在SNA中，商品的成品被划分为资本货物或（耐用）消费品，而类型53（零配件）则被当作中间货物。而类型51被单独列为一个类型，因为载客汽车在贸易中占有重要地位。它们在工业中经常被当作资本货物和耐用消费品使用，既可以是一种资本货物，也可以是一种消费品。这一亚类在BEC中被单列出来，但是没有被划入一个具体的SNA类别。类型52中的大多数货物被划为资本货物；但有几种物品因通常被消费者使用而被列为消费品，如摩托车和自行车。设立亚类521（工业）和亚类522（非工业）就是为了将这两者区分开来。

附表4 进口对企业生产率影响效应的基本检验结果（POLS方法）

变量	(1)	(2)	(3)	(4)	(5)
$\ln import\_t$	0.0117*** (71.12)				
$\ln Tech^{spill}$		0.0008*** (5.13)			0.0010*** (6.13)
$\ln imva$			0.0022*** (8.30)		0.0025*** (8.48)
$quality^{firm}$				0.0265*** (13.21)	0.0343*** (15.29)
$\ln age$	0.01182*** (17.19)	0.0038*** (7.19)	0.0034*** (6.95)	0.0035*** (7.23)	0.0041*** (7.92)
$jiagong$	-0.0318*** (-41.01)	-0.0095*** (-12.92)	-0.0073*** (-9.65)	-0.0071*** (-8.85)	-0.0128*** (-19.73)
$\ln scale$	0.0063*** (7.22)	0.1362*** (319.19)	0.1379*** (352.14)	0.1391*** (354.61)	0.1358*** (317.63)
$herfind$	-0.0517*** (-3.87)	-1.868** (-2.39)	-1.872** (-2.36)	-1.8069** (-2.49)	-1.6301* (-1.83)
$finance$	-0.0004*** (-2.82)	-0.0002*** (-2.85)	-0.0003* (-1.90)	-0.0003* (-1.88)	-0.0004** (-2.30)
soe	-0.0426*** (-19.13)	-0.0233*** (-11.43)	-0.0219*** (-11.47)	-0.0220*** (-11.51)	-0.0229*** (-11.24)
$foreign$	0.0264*** (27.34)	0.0047*** (4.54)	0.0020** (1.97)	0.0049*** (5.04)	0.0027** (2.50)
dex	-0.0273*** (-66.21)	-0.0221*** (-17.81)	-0.0197*** (-14.63)	-0.0263*** (-19.74)	-0.0145*** (-15.83)
常数	2.5602*** (21.61)	0.6912*** (20.41)	0.7011*** (21.32)	0.6754*** (20.46)	0.6791*** (20.04)
行业效应	是	是	是	是	是
省份效应	是	是	是	是	是
年份效应	是	是	是	是	是
观察值	170236	147426	170431	170431	147426
R^2	0.318	0.517	0.438	0.319	0.327

注：***、**和*分别表示1%、5%和10%的显著性水平，括号中的数字为t值。

附表5 进口对企业生产率影响效应的因果关系检验结果（PSM-DID方法）

	新进口企业	中间品	资本品	发达国家	G7国家	欠发达国家
TFP_{t-2}	0.1578*** (14.67)	0.1664*** (16.31)	0.1957*** (13.78)	0.1620*** (16.72)	0.3086*** (5.75)	0.1042*** (15.92)
TFP_{t-1}	0.2021*** (22.48)	0.1983*** (23.64)	0.1971*** (16.75)	0.2013*** (23.35)	0.3734*** (10.36)	0.1088*** (21.22)
TFP_t	0.2067*** (21.94)	0.1914*** (23.01)	0.2141*** (12.80)	0.1961*** (24.29)	0.4199*** (5.67)	0.0784*** (20.20)
TFP_{t+1}	0.2355*** (19.18)	0.2289*** (20.83)	0.2722*** (11.48)	0.2281*** (20.03)	0.4569*** (6.48)	0.0967*** (12.47)
TFP_{t+2}	0.2985*** (24.31)	0.2767*** (22.36)	0.3163*** (15.19)	0.2794*** (24.27)	0.4750*** (14.00)	0.1486*** (14.95)

注：采用最近邻1:2匹配。

附表6 进口产品特征描述

指标 产品类别	进口产品质量 （均值）	进口产品种类 （均值）	进口产品价值量 （均值）
总进口	0.3891	172	4.50e+07
G7国家	0.4389	90	1.48e+07
发达国家	0.4046	139	2.80e+07
欠发达国家	0.3850	42	2.12e+07
总体中间品	0.3769	116	2.17e+07
总体资本品	0.6119	45	9798345
总体消费品	0.4787	10	605377
零配件	0.4139	63	1.19e+07
加工中间品	0.3739	67	6342008
初级中间品	0.3565	3	3.70e+07
运输设备	0.7028	1	540644
资本货物	0.6116	43	9760909

根据样本数据计算可得，从进口的产品质量来看，总体而言，进口的总体产品的平均质量是0.3891，进口的资本品的平均质量为0.6119，进

口的中间产品的平均质量为 0.3769,资本品的质量水平要高于中间品的质量水平;在三种类型的中间品中,零配件的质量水平最高为 0.4139,其次是初级型中间产品为 0.3739,而初级型中间产品的质量水平最低为 0.3565。从进口的产品种类来看,总体而言,进口的总体产品的平均种类是 172 种,进口的中间产品的平均种类为 116 种,进口的资本品的平均种类为 45 种,进口的中间品的种类远远多于进口的资本品的种类;如果将中间品按 BEC 分类标准进一步细分,进口的加工型中间品的平均种类为 67 种、零配件的平均种类为 63 种,而企业进口的初级型中间品的平均种类为 3 种,初级型中间品的种类比较单一。

附表 7 总体贸易情况下不同进口产品类型分类检验结果(POLS 方法)

变量	(1)	(2)	(3)	(4)	(5)	(6)
ln$import\_t$	0.0117*** (71.12)					
ln$import\_m$		0.0109*** (65.2)				
ln$import\_m1$			−0.0016 (1.50)			
ln$import\_m2$				0.0085*** (50.21)		
ln$import\_m3$					0.0119*** (22.52)	
ln$import\_k$						0.0128*** (26.31)
lnage	0.01182*** (17.19)	0.0461*** (7.97)	0.0103*** (14.3)	0.0077*** (5.08)	0.0076*** (5.75)	0.0077*** (5.88)
$jiagong$	−0.0318*** (−41.01)	−0.0170*** (−2.65)	−0.0329*** (−39.10)	−0.0264*** (−14.82)	−0.0272*** (−17.39)	−0.0272*** (−17.32)
ln$size$	0.0063*** (7.22)	0.0161*** (17.71)	0.0181*** (20.79)	0.0504*** (24.87)	0.0448*** (21.68)	0.0446*** (21.65)

续表

变量	(1)	(2)	(3)	(4)	(5)	(6)
$herfind$	-0.0517*** (-3.87)	-0.0235 (-0.08)	-0.2531 (-0.40)	-0.5922* (-1.77)	-0.9209** (-2.28)	-0.2062 (-0.53)
$finance$	-0.0004*** (-2.82)	-0.0069** (-2.31)	-0.0014*** (-5.78)	-0.0016*** (-2.97)	-0.0008*** (-3.41)	-0.0008*** (-3.40)
soe	-0.0426*** (-19.13)	-0.0130 (-0.76)	-0.0433*** (-16.5)	-0.0366*** (-7.04)	-0.0373*** (-7.89)	-0.0372*** (-7.88)
$foreign$	0.0264*** (27.34)	0.0001 (0.08)	0.0223*** (19.7)	0.0194*** (8.02)	0.0151*** (7.15)	0.0153*** (7.22)
dex	-0.0273*** (-66.21)	-0.7868*** (-25.52)	-0.2375*** (-58.85)	-0.4192*** (-54.51)	-0.4081*** (-51.52)	-0.4072*** (-51.50)
常数	2.5602*** (21.61)	6.7082*** (25.73)	2.4810*** (13.50)	3.6562*** (10.43)	3.4542*** (14.73)	3.4501*** (15.04)
行业效应	是	是	是	是	是	是
省份效应	是	是	是	是	是	是
年份效应	是	是	是	是	是	是
观察值	170236	158856	18636	146786	76996	91487
R^2	0.318	0.512	0.461	0.316	0.378	0.467

注：***、**和*分别表示1%、5%和10%的显著性水平，括号中的数字为t值，在4分位行业水平上进行聚类。

附表8　匹配变量的定义与测度

变量	定义	数据形式	测度方法
$\ln LP$	劳动生产率	对数形式	产品总产值/从业人数
$\ln age$	企业年龄	对数形式	用当年年份与企业开业年份的差值
$\ln scale$	企业规模	对数形式	用从业人员取对数衡量
$profit$	企业利润	比值	用营业利润与企业销售额的比值
soe	国有企业	0-1值	国有企业为1，其他为0
$foreign$	外资企业	0-1值	外资企业为1，其他为0
$herfind$	赫芬达尔指数	比值	用2位码行业中企业市场占有率的平方和表示
$debt$	融资约束	比值	利息与企业固定资产的比率表示

注：采用最近邻1:2匹配。

附表9 匹配平衡性检验

变量名称	处理	均值		标准偏差减少幅度（%）
		处理组	对照组	
lnLP	匹配前	5.6404	5.4897	74.3
	匹配后	5.6404	5.6792	
lnage	匹配前	1.9696	1.867	77.7
	匹配后	1.9696	1.9468	
ln$size$	匹配前	5.6018	4.9125	98.6
	匹配后	5.6018	5.6118	
$profit$	匹配前	0.20104	0.02208	34.9
	匹配后	0.20104	0.08463	
soe	匹配前	0.01481	0.08824	99.4
	匹配后	0.01481	0.01435	
$foreign$	匹配前	0.76258	0.12455	99.6
	匹配后	0.76258	0.76018	
$herfind$	匹配前	0.0182	0.01729	80.6
	匹配后	0.0182	0.01838	
$debt$	匹配前	0.81594	2.0789	93.2
	匹配后	0.81594	0.72952	

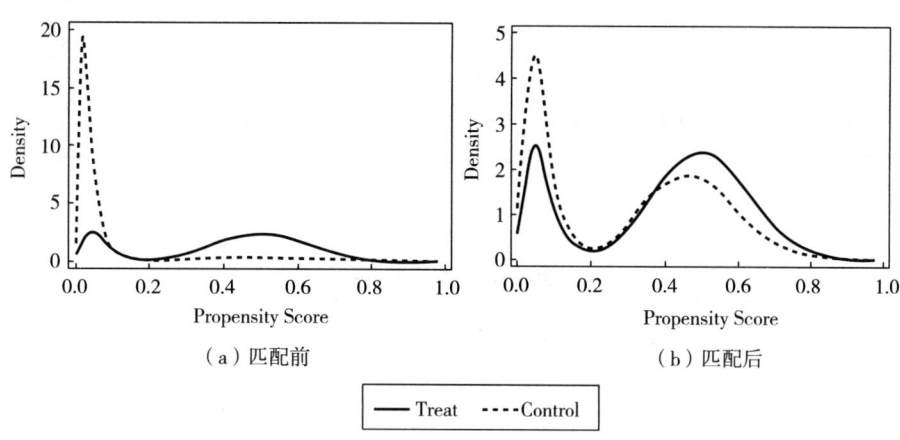

（a）匹配前　　　　　　　　　　（b）匹配后

—— Treat　　----- Control

附图2　匹配效果

附表10 进口强度对企业生存的影响分析及稳健性检验

变量	Cloglog (2000~2007年数据)				Weibull (2000~2013年数据)			
	(1)	(2)	(3)	(4)	(5)	(6)	(7)	(8)
$im \times deim1$	-0.477*** (-16.87)				-1.079*** (-51.59)			
$im \times deim2$	-0.529*** (-19.89)				-1.094*** (-47.98)			
$im \times deim3$	-0.612*** (-22.26)				-1.118*** (-52.69)			
$im \times deim4$	-0.564*** (-16.35)				-1.111*** (-51.53)			
$deimport$		-0.001*** (-11.52)	-0.003*** (-16.91)			-0.002*** (-32.21)	-0.005*** (-45.84)	
$deimport2$			0.000*** (15.09)				0.000*** (42.99)	
$timport$				-0.184*** (-36.49)				-0.180*** (-63.88)
控制变量	控制	控制	控制	控制	控制	控制	控制	控制
行业效应	是	是	是	是	是	是	是	是
省份效应	是	是	是	是	是	是	是	是
年份效应	是	是	是	是	是	是	是	是
观察值	229803	229803	229803	229803	388308	388308	388308	388308

注：***、**和*分别表示1%、5%和10%的显著性水平，括号中的数字为t值，在4分位行业水平上进行聚类。第（3）列中进口强度二次项的影响系数为0.00000210；第（7）列中进口强度二次项的影响系数为0.00000341。

附表11 进口强度对企业生存的影响分析及稳健性检验

变量	Cloglog (2000~2013年数据)				Cloglog (2000~2007年数据)			
	(1)	(2)	(3)	(4)	(5)	(6)	(7)	(8)
$im \times deim1$	-0.895*** (-41.92)				-0.481*** (-17.16)			
$im \times deim2$	-0.914*** (-41.82)				-0.532*** (-20.14)			

续表

变量	Cloglog（2000~2013年数据）				Cloglog（2000~2007年数据）			
	(1)	(2)	(3)	(4)	(5)	(6)	(7)	(8)
$im \times deim3$	-1.090*** (-49.89)				-0.604*** (-22.06)			
$im \times deim4$	-0.954*** (-43.95)				-0.569*** (-15.91)			
deimport		-0.002*** (-36.23)	-0.004*** (-43.47)			-0.001*** (-11.38)	-0.003*** (-17.16)	
deimport2			0.000*** (33.79)				0.000*** (15.18)	
timport				-0.175*** (-60.69)				-0.184*** (-36.49)
控制变量	控制	控制	控制	控制	控制	控制	控制	控制
行业效应	是	是	是	是	是	是	是	是
省份效应	是	是	是	是	是	是	是	是
年份效应	是	是	是	是	是	是	是	是
观察值	344511	344511	344511	344511	229803	229803	229803	229803

注：***、**和*分别表示1%、5%和10%的显著性水平，括号中的数字为t值，在4分位行业水平上进行聚类。第（3）列中进口强度二次项的影响系数为0.00000263；第（7）列中进口强度二次项的影响系数为0.00000237。

附表12 进口强度对企业生存的影响分析及稳健性检验
（进口/企业销售产值）

变量	2000~2013年数据				2000~2007年数据			
	(1)	(2)	(3)	(4)	(1)	(2)	(3)	(4)
L.im	-0.445*** (-21.97)				-0.308*** (-17.76)			
L.deimport		-0.001*** (-4.36)	-0.002*** (-5.28)			-0.001*** (-3.52)	-0.002*** (-7.98)	
L.deimport2			0.000 (1.22)				0.000 (-1.61)	
L.timport				-0.105*** (-18.77)				-0.965*** (-17.69)

续表

变量	2000~2013年数据				2000~2007年数据			
	(1)	(2)	(3)	(4)	(1)	(2)	(3)	(4)
控制变量	控制	控制	控制	控制	控制	控制	控制	控制
行业效应	是	是	是	是	是	是	是	是
省份效应	是	是	是	是	是	是	是	是
年份效应	是	是	是	是	是	是	是	是
观察值	306634	306634	306634	306634	196091	196091	196091	196091

注：***、**和*分别表示1%、5%和10%的显著性水平，括号中的数字为t值，在4分位行业水平上进行聚类。鉴于各协变量对企业生存的影响可能存在滞后效应，选用进口相关变量和其他控制变量的滞后项作为解释变量进一步消除内生性偏误。这一方法借鉴了于娇等（2015）、Girma等（2007）、Görg and Spaliara（2014）研究的处理。

附表13 进口影响企业生存的影响机制检验（2000~2007年数据）

变量	直接效应				间接效应	
	(1)	(2)	(3)	(4)	(5)	(6)
im					0.221*** (-2.60)	-0.062*** (-25.19)
$lnimpy$	-0.042*** (-32.80)			-0.010*** (-2.95)		
$lnimva$		-0.215*** (-28.75)		-0.101*** (-8.63)		
$quality$			-1.071*** (-30.89)	-0.549*** (-8.17)		
$im*\ln LP$					-0.147*** (-9.14)	
$im*dex$						-0.137*** (-3.50)
$\ln LP$	-0.265*** (-30.07)	-0.277*** (-31.36)	-0.288*** (-33.20)	-0.269*** (-30.41)	-0.230*** (-22.81)	-0.276*** (-30.41)
dex	-0.106*** (-5.25)	-0.150*** (-7.55)	-0.144*** (-7.18)	-0.103*** (-5.11)	-0.116*** (-5.69)	-0.157*** (-6.26)
控制变量	控制	控制	控制	控制	控制	控制

续表

变量	直接效应				间接效应	
	(1)	(2)	(3)	(4)	(5)	(6)
行业效应	是	是	是	是	是	是
省份效应	是	是	是	是	是	是
年份效应	是	是	是	是	是	是
观察值	229803	229803	229803	229803	229803	229803

注：***、**和*分别表示1%、5%和10%的显著性水平，括号中的数字为t值，在4分位行业水平上进行聚类。

附表14 进口影响企业生存的影响机制检验（Cox比例风险回归）

变量	直接效应				间接效应	
	(1)	(2)	(3)	(4)	(5)	(6)
im					0.335*** (5.34)	-0.103*** (-80.03)
$\ln impy$	-0.075*** (-85.76)			-0.057*** (-25.37)		
$\ln imva$		-0.392*** (-71.40)		-0.096*** (-10.73)		
$quality$			-1.930*** (-72.06)	-0.133*** (-2.90)		
$im * \ln LP$					-0.241*** (-21.41)	
$im * dex$						-0.294*** (-17.39)
$\ln LP$	-0.083*** (-16.15)	-0.088*** (-16.82)	-0.118*** (-23.17)	-0.082*** (-15.84)	-0.051*** (-9.16)	-0.102*** (-19.80)
dex	-0.092*** (-10.59)	-0.126*** (-14.29)	-0.154*** (-17.65)	-0.090*** (-10.38)	-0.122*** (-13.84)	-0.252*** (-19.03)
控制变量	控制	控制	控制	控制	控制	控制
行业效应	是	是	是	是	是	是
省份效应	是	是	是	是	是	是
年份效应	是	是	是	是	是	是
观察值	388308	388308	388308	388308	388308	388308

注：***、**和*分别表示1%、5%和10%的显著性水平，括号中的数字为t值，在4分位行业水平上进行聚类。

附表15 进口倾向对企业生存影响的异质性检验结果（2000~2007年数据）

变量	企业异质性			产品异质性	
	研发能力	融资能力	企业规模	产品类型	产品来源国
	（1）	（2）	（3）	（4）	（5）
im	-0.581*** (-29.58)	-0.404*** (-17.44)	-0.102*** (-4.53)		
$im \times C\_q_2$	-0.280*** (-2.85)	-0.146*** (-3.15)	-0.636*** (-19.22)		
$im \times C\_q_3$	-0.620*** (-6.45)	-0.297*** (-8.70)	-0.891*** (-21.97)		
$im \times C\_q_4$	-0.735*** (-7.01)	-0.317*** (-7.41)	-1.092*** (-26.63)		
$im \times m1$				-0.091*** (-2.96)	
$im \times m2$				-0.151*** (-3.43)	
$im \times m3$				-0.290*** (-14.62)	
$im \times mk$				-0.567*** (-18.72)	
$im \times g7$					-0.660*** (-33.27)
$im \times dexg7$					-0.285*** (-10.86)
$im \times ding$					-0.411*** (-6.68)
控制变量	是	是	是	是	是
行业效应	是	是	是	是	是
省份效应	是	是	是	是	是
年份效应	是	是	是	是	是
观察值	200732	229803	229803	229803	229803

注：***、**和*分别表示1%、5%和10%的显著性水平，括号中的数字为t值，在4分位行业水平上进行聚类。其中，C为企业异质性特征变量，包括企业研发能力rd、融资能力$finance$、企业规模$scale$；$qr=1,2,3,4$表示将企业特征按照从小到大排序的四个分组（分别以企业新产品价值、企业融资水平、企业规模的四分位数为临界点，将进口企业划分为四个等分组，都以$qr=1$为基准组），相应地，C_{it-qr}表示企业特征虚拟变量，当企业i的C特征变量属于第qr分组时取值为1，否则为0。$m1$、$m2$、$m3$、mk分别为不同类型产品的虚拟变量，处于该产品类型分组中取值为1，否则为0；$g7$、$dexg7$、$ping$为不同来源国的虚拟变量，处于该来源国分组取值为1，否则取0。控制变量同表6.2。

附表16 进口倾向对企业生存影响的异质性检验结果（Cox 比例风险回归）

变量	企业异质性			产品异质性	
	研发能力	融资能力	企业规模	产品类型	产品来源国
	(1)	(2)	(3)	(4)	(5)
im	-1.072***	-0.597***	-0.279***		
	(-77.48)	(-37.74)	(-16.68)		
$im \times C\_q_2$	-0.470***	-0.619***	-0.618***		
	(-6.00)	(-21.04)	(-24.91)		
$im \times C\_q_3$	-0.660***	-0.679***	-1.204***		
	(-7.56)	(-22.11)	(-37.20)		
$im \times C\_q_4$	-0.788***	-0.823***	-1.643***		
	(-8.64)	(-28.27)	(-48.73)		
$im \times m1$				-0.296***	
				(-12.76)	
$im \times m2$				-0.432***	
				(-11.84)	
$im \times m3$				-0.582***	
				(-40.80)	
$im \times mk$				-0.737***	
				(-31.81)	
$im \times g7$					-1.126***
					(-76.43)
$im \times dexg7$					-0.650***
					(-32.75)
$im \times ding$					-1.047***
					(-30.60)
控制变量	是	是	是	是	是
行业效应	是	是	是	是	是
省份效应	是	是	是	是	是
年份效应	是	是	是	是	是
观察值	388308	388308	388308	388308	388308

注：***、**和*分别表示1%、5%和10%的显著性水平，括号中的数字为t值，在4分位行业水平上进行聚类。其中，C 为企业异质性特征变量，包括企业研发能力 rd、融资能力 $finance$、企业规模 $scale$；$qr=1, 2, 3, 4$ 表示将企业特征按照从小到大排序的四个分组（分别以企业新产品价值、企业融资水平、企业规模的四分位数为临界点，将进口企业划分为四个等分组，都以 $qr=1$ 为基准组），相应地 C_{it-qr} 表示企业特征虚拟变量，当企业 i 的 C 特征变量属于第 qr 分组时取值为1，否则为0。$m1、m2、m3、mk$ 分别为不同类型产品的虚拟变量，处于该产品类型分组中取值为1，否则为0；$g7、dexg7、ping$ 为不同来源国的虚拟变量，处于该来源国分组中取值为1，否则取0。控制变量同表6.2。

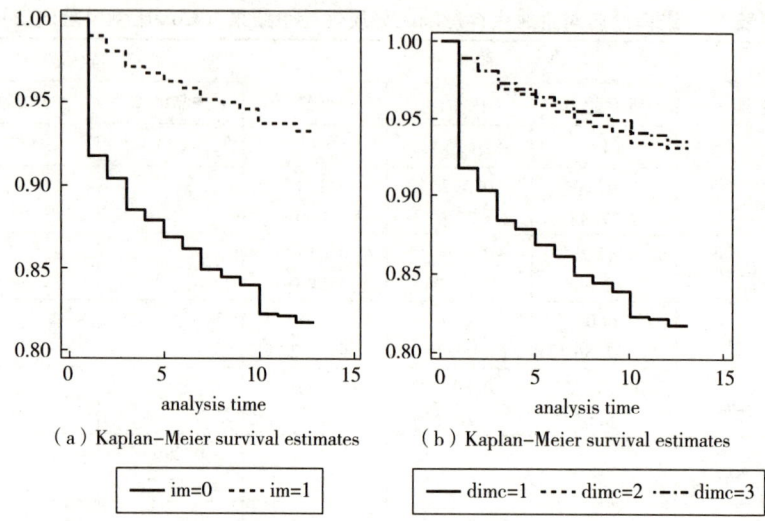

附图3　不同进口强度企业的 Kaplan – Meier 曲线

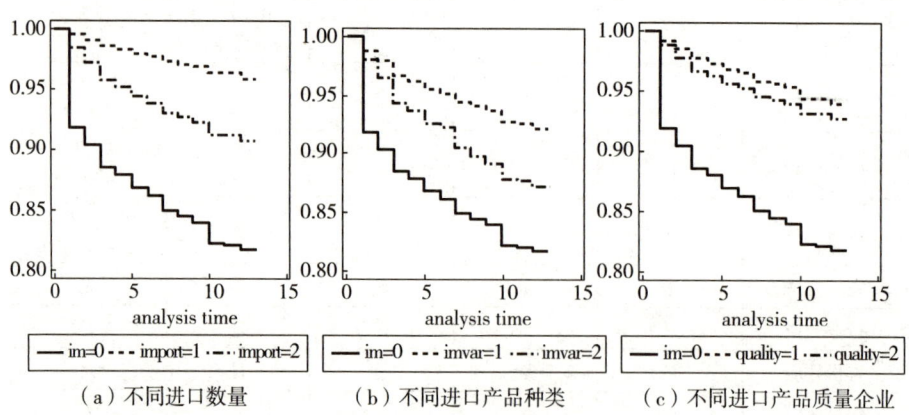

附图4　不同进口数量、进口产品种类、进口产品质量企业的 Kaplan – Meier 曲线

参考文献

[1] Acharya R C, Keller W. Technology transfer through imports [J]. Canadian Journal of Economics/Revue canadienne d'économique, 2009, 42 (4): 1411 – 1448.

[2] Ahn J B, Khandelwal A K, Wei S J. The role of intermediaries in facilitating trade [J]. Journal of International Economics, 2011, 84 (1): 73 – 85.

[3] Agarwal R, Gort M. Firm and product life cycles and firm survival [J]. The American Economic Review, 2002, 92 (2): 184 – 190.

[4] Akerman A. Wholesalers and economies of scope in international trade [M]. Department of Economics, Stockholm University, 2012.

[5] Altomonte C, Békés G. Trading activities, firms and productivity [M]. Bocconi University, Milan, and Hungarian Academy of Science, Budapest, mimeo, June, 2008.

[6] Amendolagine V, Capolupo R, Petragallo N. Export status and performance in a panel of italian manufacturing firms [J]. Series, 2010 (1).

[7] Amendola A, Ferragina A, Pittiglio R, et al. How is the 2007 Crisis Affecting Firms' Survival? Evidence from Italy [C]. Paper presented at ETSG 2010 Lausanne, 9 – 11 September.

[8] Amiti M, Davis D R. Trade, firms, and wages: Theory and evidence [J]. The Review of economic studies, 2011, 79 (1): 1 – 36.

[9] Amiti M, Itskhoki O, Konings J. Importers, exporters, and exchange rate disconnect [J]. The American Economic Review, 2014, 104 (7): 1942 – 1978.

[10] Amiti M, Khandelwal A K. Import competition and quality upgrading [J]. Review of Economics and Statistics, 2013, 95 (2): 476 – 490.

[11] Amiti M, Konings J. Trade liberalization, intermediate inputs, and productivity: Evidence from Indonesia [J]. The American Economic Review, 2007, 97 (5): 1611 – 1638.

[12] Antras P, Costinot A. Intermediated trade [J]. The Quarterly Journal of Economics, 2011, 126 (3): 1319 – 1374.

[13] Audretsch D B. Innovation, growth and survival [J]. International journal of industrial organization, 1995, 13 (4): 441 – 457.

[14] Baldwin J, Yan B. The death of Canadian manufacturing plants: heterogeneous responses to changes in tariffs and real exchange rates [J]. Review of World Economics, 2011, 147 (1): 131 – 167.

[15] Baldwin R, Venables A J. Spiders and snakes: Offshoring and agglomeration in the global economy [J]. Journal of International Economics, 2013, 90 (2): 245 – 254.

[16] Bas M, Strauss – Kahn V. Does importing more inputs raise exports? Firm – level evidence from France [J]. Review of World Economics, 2014, 150 (2): 241 – 275.

[17] Bas M, Strauss – Kahn V. Input – trade liberalization, export prices and quality upgrading [J]. Journal of International Economics, 2015, 95 (2): 250 – 262.

[18] Behrens K, Murata Y. Trade, competition, and efficiency [J]. Journal of International Economics, 2012, 87 (1): 1 – 17.

[19] Bellone F, Musso P, Nesta L, et al. Financial constraints as a barrier to export participation [J]. Documents De Travail De Lofce, 2008.

[20] Bernard A B, Eaton J, Jensen J B, et al. Plants and productivity in international trade [J]. The American Economic Review, 2003, 93 (4): 1268 – 1290.

[21] Bernard A B, Jensen J B. Exceptional exporter performance: Cause, effect, or both? [J]. Journal of international economics, 1999, 47 (1): 1 – 25.

[22] Bernard A B, Jensen J B, Redding S J, et al. Wholesalers and retailers in US trade [J]. The American Economic Review, 2010, 100 (2): 408 – 413.

[23] Bernard A B, Jensen J B, Redding S J, et al. Global Firms [J]. Social Science Electronic Publishing, 2016.

[24] Bernard A B, Moxnes A, Saito Y U. Production networks, geography and firm performance [R]. National Bureau of Economic Research, 2015.

[25] Bernard A B, Jensen J B, Redding S J, et al. Firms in international trade [J]. The Journal of Economic Perspectives, 2007, 21 (3): 105 – 130.

[26] Bernard A B, Jensen J B, Schott P K. Importers, exporters and multinationals: A portrait of firms in the US that trade goods [M] //Producer dynamics: New evidence from micro data. University of Chicago Press, 2009: 513 – 552.

[27] Bernard A B, Smeets V, Warzynski F. Rethinking deindustrialization [J]. Economic Policy, 2017, 32 (89): 5 – 38.

[28] Bin G. Firm size, R&D, and performance: An empirical analysis on software industry in China [J]. Science Research Management, 2006 (1): 18 – 23.

[29] Blalock G, Veloso F M. Imports, productivity growth, and supply chain learning [J]. World Development, 2007, 35 (7): 1134 – 1151.

[30] Blaum J, Lelarge C, Peters M. Non – homothetic import demand: Firm productivity and quality bias [C]. Brown University, mimeograph, 2013.

[31] Blaum J, Lelarge C, Peters M. Estimating the productivity gains from importing [C]. Brown University, mimeograph, 2014.

[32] Blum B S, Claro S, Horstmann I. Facts and figures on intermediated trade [J]. The American Economic Review, 2010, 100 (2): 419-423.

[33] Breinlich H, Criscuolo C. International trade in services: A portrait of importers and exporters [J]. Journal of International Economics, 2011, 84 (2): 188-206.

[34] Broda C, Weinstein D E. Globalization and the Gains from Variety [J]. The Quarterly journal of economics, 2006, 121 (2): 541-585.

[35] Burstein A, Cravino J, Vogel J. Importing skill-biased technology [J]. American Economic Journal: Macroeconomics, 2013, 5 (2): 32-71.

[36] Bustos P. Trade liberalization, exports, and technology upgrading: Evidence on the impact of MERCOSUR on Argentinian firms [J]. The American economic review, 2011, 101 (1): 304-340.

[37] Caron J, Fally T, Markusen J. Per capita income and the demand for skills [R]. National Bureau of Economic Research, 2017.

[38] Caselli F, Wilson D J. Importing technology [J]. Journal of monetary Economics, 2004, 51 (1): 1-32.

[39] Castellani D, Serti F, Tomasi C. Firms in international trade: Importers' and exporters' heterogeneity in Italian manufacturing industry [J]. The World Economy, 2010, 33 (3): 424-457.

[40] Chaney T. The network structure of international trade [J]. The American economic review, 2014, 104 (11): 3600-3634.

[41] Chaney T. The gravity equation in international trade: An explanation [R]. Toulouse School of Economic, Mimeograph, 2015.

[42] Chevassus-Lozza E, Gaigné C, Le Mener L. Does input trade liberalization boost downstream firms' exports? Theory and firm-level evidence [J]. Journal of International Economics, 2013, 90 (2): 391-402.

[43] Coad A, Segarra A, Teruel M. Innovation and firm growth: Does firm age play a role? [J]. Research Policy, 2016, 45 (2): 387-400.

[44] Colombelli A, Krafft J, Vivarelli M. Entrepreneurship and innovation: New entries, survival, growth [R]. Groupe de REcherche en Droit, Economie, Gestion (GREDEG CNRS), University of Nice Sophia Antipolis, 2016.

[45] Corcos G, Del Gatto M, Mion G, et al. Productivity and firm selection: Quantifying the "new" gains from trade [J]. The economic journal, 2012, 122 (561): 754 – 798.

[46] Crinò R. Offshoring, multinationals and labour market: A review of the empirical literature [J]. Journal of Economic Surveys, 2009, 23 (2): 197 – 249.

[47] Delaney J T, Huselid M A. The impact of human resource management practices on perceptions of organizational performance [J]. Academy of Management journal, 1996, 39 (4): 949 – 969.

[48] De Loecker J. Product differentiation, multiproduct firms, and estimating the impact of trade liberalization on productivity [J]. Econometrica, 2011, 79 (5): 1407 – 1451.

[49] De Loecker J, Goldberg P K. Firm performance in a global market [J]. Annu. Rev. Econ., 2014, 6 (1): 201 – 227.

[50] Eaton J, Kortum S. Technology, geography, and trade [J]. Econometrica, 2002, 70 (5): 1741 – 1779.

[51] Eaton J, Kortum S, Kramarz F. Firm – to – Firm Trade: Imports, exports, and the labor market [C]. Discussion Papers, 2016.

[52] Eaton J, Jinkins D, Tybout J, et al. Two – sided Search in International Markets [C] //2016 Annual Meeting of the Society for Economic Dynamics. 2016.

[53] Eaton J, Kortum S, Kramarz F. Firm – to – firm trade: Imports, exports, and the labor market [C]. Brown University Unpublished manuscript, 2015.

[54] Edmond C, Midrigan V, Xu D Y. Competition, markups, and the gains from international trade [J]. The American Economic Review, 2015, 105

(10): 3183-3221.

[55] Eliasson K, Hansson P, Lindvert M. Do firms learn by exporting or learn to export? Evidence from small and medium-sized enterprises [J]. Small Business Economics, 2012, 39 (2): 453-472.

[56] Esteve-Pérez S, Mañez-Castillejo J A. The resource-based theory of the firm and firm survival [J]. Small Business Economics, 2008, 30 (3): 231-249.

[57] Esteve-Pérez S, Requena-Silvente F, Pallardó-López V. The duration of firm-destination export relationships: Evidence from Spain, 1997-2006 [J]. Economic Inquiry, 2013, 51 (1): 159-180.

[58] Ethier W J. National and international returns to scale in the modern theory of international trade [M] //The floating world: Issues in International Trade Theory, 2014: 77-93.

[59] Falk M. Quantile estimates of the impact of R&D intensity on firm performance [J]. Small Business Economics, 2012, 39 (1): 19-37.

[60] Fan H, Li Y A, Yeaple S R. Trade liberalization, quality, and export prices [J]. Review of Economics and Statistics, 2015, 97 (5): 1033-1051.

[61] Fan H, Li Y A, Luong T A. Input-Trade Liberalization and Markups [R]. HKUST IEMS Working Paper. No. 2015-26.

[62] Feenstra R C, Li Z, Yu M. Exports and credit constraints under incomplete information: Theory and evidence from China [J]. Review of Economics and Statistics, 2014, 96 (4): 729-744.

[63] Fernandes A M, Paunov C. Does trade stimulate product quality upgrading? [J]. Canadian Journal of Economics/revue Canadienne Déconomique, 2013, 46 (4): 1232-1264.

[64] Feng L, Li Z, Swenson D L. Trade policy uncertainty and exports: Evidence from China's WTO accession [J]. Journal of International Economics, 2017 (106): 20-36.

[65] Forlani E. Irish firms' productivity and imported inputs [J]. The Manchester School, 2017, 85 (6): 710-743.

[66] Frías J A, Kaplan D S, Verhoogen E A. Exports and wage premia: Evidence from Mexican employer-employee data [R]. Columbia University mimeo, 2009.

[67] Ferragina A M, Mazzotta F. FDI spillovers on firm survival in Italy: Absorptive capacity matters! [J]. The Journal of Technology Transfer, 2014, 39 (6): 859-897.

[68] Ferragina A M, Taymaz E, Yılmaz K. Innovation, globalization and firm dynamics: lessons for enterprise policy [M]. Routledge, 2014.

[69] Fieler A C, Eslava M, Xu D Y. Trade, quality upgrading, and input linkages: Theory and evidence from Colombia [J]. Duke University, Mimeograph, 2016.

[70] Fort T, Tintelnot F, Antras P. The margins of global sourcing: Theory and evidence from US firms [C] //2014 Meeting Papers. Society for Economic Dynamics, 2014.

[71] Fryges H, Wagner J. Exports and profitability: First evidence for German manufacturing firms [J]. World Economy, 2010, 33 (3): 399-423.

[72] Gibson M J, Graciano T A. Costs of starting to trade and costs of continuing to trade [C]. Washington State University, 2011.

[73] Girma S, Görg H, Strobl E. The effects of government grants on plant survival: A micro-econometric analysis [J]. International Journal of Industrial Organization, 2007, 25 (4): 701-720.

[74] Görg H, Spaliara M E. Financial Health, Exports and Firm Survival: Evidence from UK and French Firms [J]. Economica, 2014, 81 (323): 419-444.

[75] Görg H, Strobl E. Foreign direct investment and local economic development: Beyond productivity spillovers [J]. Social Science Electronic Publishing,

2005, 2 (3): 239-252.

[76] Goldberg P K, Khandelwal A K, Pavcnik N, et al. Imported intermediate inputs and domestic product growth: Evidence from India [J]. The Quarterly Journal of Economics, 2010, 125 (4): 1727-1767.

[77] Gopinath G, Neiman B. Trade adjustment and productivity in large crises [J]. The American Economic Review, 2014, 104 (3): 793-831.

[78] Grazzi M. Export and Firm Performance: Evidence on Productivity and Profitability of Italian Companies [J]. Journal of Industry Competition & Trade, 2012, 12 (4): 413-444.

[79] Greenaway D, Gullstrand J, Kneller R. Live or let die? Alternative routes to industry exit [J]. Open Economies Review, 2009, 20 (3): 317-337.

[80] Grossman G M, Helpman E. Innovation and growth in the global economy [M]. MIT press, 1993.

[81] Hallak J C, Schott P K. Estimating cross-country differences in product quality [J]. The Quarterly Journal of Economics, 2011, 126 (1): 417-474.

[82] Hallak J C, Sivadasan J. Product and process productivity: Implications for quality choice and conditional exporter premia [J]. Journal of International Economics, 2013, 91 (1): 53-67.

[83] Halpern L, Koren M, Szeidl A. Imported inputs and productivity [J]. The American Economic Review, 2015, 105 (12): 3660-3703.

[84] Heckman J J, Ichimura H, Todd P E. Matching as an econometric evaluation estimator: Evidence from evaluating a job training programme [J]. The review of economic studies, 1997, 64 (4): 605-654.

[85] Heckman J J, Ichimura H, Todd P. Matching as an econometric evaluation estimator [J]. The review of economic studies, 1998, 65 (2): 261-294.

[86] Hirsch S, Lev B. Sales stabilization through export diversification [J]. The Review of Economics and Statistics, 1971: 270-277.

［87］Hummels D, Jørgensen R, Munch J, et al. The wage effects of offshoring: Evidence from Danish matched worker-firm data [J]. The American Economic Review, 2014, 104 (6): 1597-1629.

［88］Imbruno M. Trade liberalization, intermediate inputs and firm competitiveness: Direct versus indirect modes of import [C]. University of Nottingham, Mimeo, 2012.

［89］Imbruno M. Firm efficiency and Input market integration trade versus FDI [R]. FIW Working Paper, 2015.

［90］Jones C I. Intermediate goods and weak links in the theory of economic development [J]. American Economic Journal: Macroeconomics, 2011, 3 (2): 1-28.

［91］Jovanovic B. Selection and the Evolution of Industry [J]. Econometrica: Journal of the Econometric Society, 1982, 50 (3): 649-670.

［92］Julan D U, Yi L U, Zhigang T A O, et al. Do domestic and foreign exporters differ in learning by exporting? Evidence from China [J]. China Economic Review, 2012, 23 (2): 296-315.

［93］Kasahara H, Lapham B. Productivity and the decision to import and export: Theory and evidence [J]. Journal of International Economics, 2013, 89 (2): 297-316.

［94］Kasahara H, Rodrigue J. Does the use of imported intermediates increase productivity? Plant-level evidence [J]. Journal of development economics, 2008, 87 (1): 106-118.

［95］Katayama H, Lu S, Tybout J. Why plant-level productivity studies are often misleading, and an alternative approach to interference [R]. National Bureau of Economic Research, 2003.

［96］Kehoe T J, Ruhl K J. How important is the new goods margin in international trade? [J]. Journal of Political Economy, 2013, 121 (2): 358-392.

［97］Kimura F, Fujii T. Globalizing activities and the rate of survival: Panel data analysis on Japanese firms [J]. Journal of the Japanese and International Economies, 2003, 17 (4): 538 – 560.

[98] Kimura F, Kiyota K. Exports, FDI, and productivity: Dynamic evidence from Japanese firms [J]. Review of World Economics, 2006, 142 (4): 695 – 719.

[99] Kox H L M, Rojas – Romagosa H. Exports and Productivity Selection Effects for Dutch Firms [J]. De Economist, 2010, 158 (3): 295 – 322.

[100] Krusell P, Ohanian L E, Ríos – Rull J V, et al. Capital – skill complementarity and inequality: A macroeconomic analysis [J]. Econometrica, 2000, 68 (5): 1029 – 1053.

[101] Krugman P R. Rethinking international trade [M]. MIT Press, 1994.

[102] Krugman P. Scale economies, product differentiation, and the pattern of trade [J]. The American Economic Review, 1980, 70 (5): 950 – 959.

[103] Kugler M, Verhoogen E. Plants and imported inputs: New facts and an interpretation [J]. The American Economic Review, 2009, 99 (2): 501 – 507.

[104] Kugler M, Verhoogen E. Prices, plant size, and product quality [J]. The Review of Economic Studies, 2012, 79 (1): 307 – 339.

[105] Lall S. The Technological structure and performance of developing country manufactured exports, 1985 – 1998 [J]. Oxford development studies, 2000, 28 (3): 337 – 369.

[106] Lileeva A, Trefler D. Improved access to foreign markets raises plant – level productivity … for some plants [J]. The Quarterly Journal of Economics, 2010, 125 (3): 1051 – 1099.

[107] Lichtenberg F, de La Potterie B V P. International R&D spillovers: A re – examination [R]. National Bureau of Economic Research, 1996.

[108] Lim K. Firm – to – firm trade in sticky production networks [C] // 2017 Meeting Papers. Society for Economic Dynamics, 2017 (280).

[109] Liu R, Trefler D. Much ado about nothing: American jobs and the rise of service outsourcing to China and India [R]. National Bureau of Economic Research, 2008.

[110] Lööf H, Andersson M. Imports, productivity and origin markets: The role of knowledge – intensive economies [J]. The World Economy, 2010, 33 (3): 458 – 481.

[111] López R A. Imports of intermediate inputs and plant survival [J]. Economics Letters, 2006, 92 (1): 58 – 62.

[112] MacGarvie M. Do firms learn from international trade? [J]. The Review of Economics and Statistics, 2006, 88 (1): 46 – 60.

[113] Martins P S, Opromolla L D. Exports, imports and wages: Evidence from matched firm – worker – product panels [J]. Social Science Electronic Publishing, 2009.

[114] Manova K, Zhang Z. Export prices across firms and destinations [J]. The Quarterly Journal of Economics, 2012, 127 (1): 379 – 436.

[115] Melitz M J. The impact of trade on intra – industry reallocations and aggregate industry productivity [J]. Econometrica, 2003, 71 (6): 1695 – 1725.

[116] Melitz M J, Redding S J. Heterogeneous firms and trade [M] // Handbook of international economics. Elsevier, 2014, 4: 1 – 54.

[117] Muendler M A. Trade, technology and productivity: A study of brazilian manufacturers 1986 – 1998 [J]. Social Science Electronic Publishing, 2004 (3).

[118] Namini J E, Facchini G, López R A. Export growth and firm survival [J]. Economics Letters, 2013, 120 (3): 481 – 486.

[119] Olley G S, Pakes A. The dynamics of productivity in the telecommunications equipment industry [R]. National Bureau of Economic Research, 1992.

[120] O'Mahony M, Vecchi M. R&D, knowledge spillovers and company productivity performance [J]. Research Policy, 2009, 38 (1): 35-44.

[121] Ramondo N, Rodríguez-Clare A. Trade, multinational production, and the gains from openness [J]. Journal of Political Economy, 2013, 121 (2): 273-322.

[122] Redding S J. Theories of heterogeneous firms and trade [J]. Annu. Rev. Econ., 2011, 3 (1): 77-105.

[123] Rosenbaum P R, Rubin D B. Constructing a control group using multivariate matched sampling methods that incorporate the propensity score [J]. The American Statistician, 1985, 39 (1): 33-38.

[124] Schank T, Schnabel C, Wagner J. Do exporters really pay higher wages? First evidence from German linked employer-employee data [J]. Journal of international Economics, 2007, 72 (1): 52-74.

[125] Schor A. Heterogeneous productivity response to tariff reduction. Evidence from Brazilian manufacturing firms [J]. Journal of Development Economics, 2004, 75 (2): 373-396.

[126] Sharma C. R&D and firm performance: Evidence from the Indian pharmaceutical industry [J]. Journal of the Asia Pacific Economy, 2012, 17 (2): 332-342.

[127] Stucki T. Success of start-up firms: The role of financial constraints [J]. Industrial and Corporate Change, 2013, 23 (1): 25-64.

[128] Tintelnot F. Global production with export platforms [J]. The Quarterly Journal of Economics, 2017, 132 (1): 157-209.

[129] Topalova P, Khandelwal A. Trade liberalization and firm productivity: The case of India [J]. Review of economics and statistics, 2011, 93 (3): 995-1009.

[130] Toraganlü N, Yazgan M E. Exchange rates and firm survival: An examination with Turkish firm-level data [J]. Economic Systems, 2016, 40

(3): 433 - 443.

[131] Turco A L, Maggioni D. Does trade foster employment growth in emerging markets? Evidence from Turkey [J]. World Development, 2013 (52): 1 - 18.

[132] Vogel A, Wagner J. Higher productivity in importing German manufacturing firms: self - selection, learning from importing, or both? [J]. Review of World Economics, 2010, 145 (4): 641 - 665.

[133] Wagner J. International trade and firm performance: A survey of empirical studies since 2006 [J]. Review of World Economics, 2012, 148 (2): 235 - 267.

[134] Wagner J. Exports, imports and profitability: First evidence for manufacturing enterprises [J]. Open Economies Review, 2012, 23 (5): 747 - 765.

[135] Wagner J, Gelübcke J P W. Foreign ownership and firm survival: First evidence for enterprises in Germany [J]. Economie internationale, 2012 (4): 117 - 139.

[136] Wagner J. Extensive margins of imports, productivity and profitability: First evidence for manufacturing enterprises in Germany [J]. Economics Bulletin, 2014, 34 (3): 1669 - 1678.

[137] Yu M. Processing trade, tariff reductions and firm productivity: Evidence from Chinese firms [J]. The Economic Journal, 2015, 125 (585): 943 - 988.

[138] Zaclicever D, Pellandra A. Imported inputs, technological spillovers and productivity: Is there learning - by - importing? Firm - level evidence from Uruguay [C] //ETSG 2012 Leuven Fourteenth Annual Conference 13 - 15 September 2012 KU Leuven. 2012.

[139] 保罗·克鲁格曼, 茅瑞斯·奥伯斯法尔德. 国际经济学 [M]. 中国人民大学出版社, 2002.

[140] 陈强. 高级计量经济学及Stata应用 [M]. 高等教育出版社,

2010.

［141］陈梅，周申. 进口中间产品质量与企业生产率——基于广义倾向得分匹配的经验分析［J］. 经济经纬，2017，34（4）：62-67.

［142］陈勇兵，仉荣，曹亮. 中间品进口会促进企业生产率增长吗——基于中国企业微观数据的分析［J］. 财贸经济，2012（3）：76-86.

［143］楚明钦，丁平. 中间品，资本品进口的研发溢出效应［J］. 世界经济研究，2013（4）：60-65.

［144］戴维，罗默. 高级宏观经济学［M］. 商务印书馆出版社，1999.

［145］戴小勇，成力为. 研发投入强度对企业绩效影响的门槛效应研究［J］. 科学学研究，2013，31（11）：1708-1716.

［146］汉密尔顿，志刚. 应用STATA做统计分析［M］. 重庆大学出版社，2008.

［147］黄漓江，桑百川. 进口溢出对企业生产率的影响——基于技术差距的视角［J］. 世界经济研究，2017（6）：122-134，137.

［148］胡望斌，张玉利，杨俊. 同质性还是异质性：创业导向对技术创业团队与新企业绩效关系的调节作用研究［J］. 管理世界，2014（6）：92-109.

［149］贾建锋，唐贵瑶，李俊鹏，王文娟，单翔. 高管胜任特征与战略导向的匹配对企业绩效的影响［J］. 管理世界，2015（2）：120-132.

［150］简泽，张涛，伏玉林. 进口自由化、竞争与本土企业的全要素生产率——基于中国加入WTO的一个自然实验［J］. 经济研究，2014，49（8）：120-132.

［151］康志勇. 进口中学抑或自我选择：基于配对倍差法的经验分析［J］. 国际贸易问题，2016（9）：16-26.

［152］李淑云，慕绣如. 中间品进口与企业生产率——基于进口产品异质性的新检验［J］. 国际经贸探索，2017，33（11）：77-92.

［153］刘善仕，周巧笑，黄同圳，刘学. 企业战略、人力资源管理系统与企业绩效的关系研究［J］. 中国管理科学，2008（3）：181-192.

[154] 李玉蕾,袁乐平. 战略人力资源管理对企业绩效的影响研究[J]. 统计研究,2013,30(10):92-96.

[155] 马弘,乔雪,徐嫄. 中国制造业的就业创造与就业消失[J]. 经济研究,2013(12):68-80.

[156] 钱学锋,范冬梅. 国际贸易与企业成本加成:一个文献综述[J]. 经济研究,2015,50(2):172-185.

[157] 钱学锋,范冬梅,黄汉民. 进口竞争与中国制造业企业的成本加成[J]. 世界经济,2016,39(3):71-94.

[158] 钱学锋,王胜,黄云湖,王菊蓉. 进口种类与中国制造业全要素生产率[J]. 世界经济,2011,34(5):3-25.

[159] 钱学锋,王菊蓉,黄云湖,王胜. 出口与中国工业企业的生产率——自我选择效应还是出口学习效应?[J]. 数量经济技术经济研究,2011,28(2):37-51.

[160] 钱学锋,王备. 中间投入品进口、产品转换与企业要素禀赋结构升级[J]. 经济研究,2017,52(1):58-71.

[161] 邱斌,刘修岩,赵伟. 出口学习抑或自选择:基于中国制造业微观企业的倍差匹配检验[J]. 世界经济,2012(4):23-40.

[162] 沈琪,周世民. 进口关税减免与企业全要素生产率:来自中国的微观证据[J]. 管理世界,2014(9):174-175.

[163] 苏振东,洪玉娟. 中国出口企业是否存在"利润率溢价"?——基于随机占优和广义倾向指数匹配方法的经验研究[J]. 管理世界,2013(5):12-34.

[164] 汤二子. 中国企业"出口—生产率悖论":理论裂变与检验重塑[J]. 管理世界,2017(2):30-42.

[165] 田朔,张伯伟,慕绣如. 汇率变动、中间品进口与企业出口[J]. 世界经济与政治论坛,2015(4):88-102.

[166] 田巍,余淼杰. 企业出口强度与进口中间品贸易自由化:来自中国企业的实证研究[J]. 管理世界,2013(1):28-44.

[167] 王永进, 施炳展. 上游垄断与中国企业产品质量升级 [J]. 经济研究, 2014 (4): 116-129.

[168] 魏浩, 赵春明, 李晓庆. 中国进口商品结构变化的估算: 2000-2014年 [J]. 世界经济, 2016, 39 (4): 70-94.

[169] 魏浩, 李翀, 赵春明. 中间品进口的来源地结构与中国企业生产率 [J]. 世界经济, 2017, 40 (6): 48-71.

[170] 向训勇, 陈婷, 陈飞翔. 进口中间投入、企业生产率与人民币汇率传递——基于我国出口企业微观数据的实证研究 [J]. 金融研究, 2016, (9): 33-49.

[171] 许家云, 毛其淋. 中国企业的市场存活分析: 中间品进口重要吗? [J]. 金融研究, 2016 (10): 27-142.

[172] 薛安伟. 跨国并购提高企业绩效了吗——基于中国上市公司的实证分析 [J]. 经济学家, 2017 (6): 88-95.

[173] 姚冰湜, 马琳, 王雪莉, 李秉祥. 高管团队职能异质性对企业绩效的影响: CEO权力的调节作用 [J]. 中国软科学, 2015 (2): 117-126.

[174] 杨典. 公司治理与企业绩效——基于中国经验的社会学分析 [J]. 中国社会科学, 2013 (1): 72-94, 206.

[175] 于娇, 逯宇铎, 刘海洋. 出口行为与企业生存概率: 一个经验研究 [J]. 世界经济, 2015 (4): 25-49.

[176] 余淼杰, 李晋. 进口类型, 行业差异化程度与企业生产率提升 [J]. 经济研究, 2015, 50 (8): 85-97.

[177] 余淼杰, 李乐融. 贸易自由化与进口中间品质量升级——来自中国海关产品层面的证据 [J]. 经济学 (季刊), 2016, 15 (2): 1011-1028.

[178] 余淼杰, 智琨. 进口自由化与企业利润率 [J]. 经济研究, 2016, 51 (8): 57-71.

[179] 杨晓云. 资本品进口与企业生产率——来自中国制造业企业的证据 [J]. 经济经纬, 2015, 32 (6): 59-64.

[180] 张军. 高级微观经济学 [M]. 清华大学出版社有限公司, 2005.

[181] 张杰,郑文平,陈志远. 进口与企业生产率——中国的经验证据[J]. 经济学(季刊),2015(3):1029-1052.

[182] 张杰,郑文平,翟福昕. 中国出口产品质量得到提升了么?[J]. 经济研究,2014,49(10):46-59.

[183] 张杰,郑文平,陈志远,王雨剑. 进口是否引致了出口:中国出口奇迹的微观解读[J]. 世界经济,2014,37(6):3-26.

[184] 张翊,陈雯,骆时雨. 中间品进口对中国制造业全要素生产率的影响[J]. 世界经济,2015(9):107-129.

[185] 郑亚莉,王毅,郭晶. 进口中间品质量对企业生产率的影响:不同层面的实证[J]. 国际贸易问题,2017(6):50-60.

[186] 许家云. 中间品进口贸易与中国制造业企业竞争力[M]. 经济科学出版社,2018.

后 记

本书是在我的博士论文的基础上修改、扩充完成的。回首三年的博士求学经历，研究的进展及学术的些许进步都离不开师长的指导、同学的帮助及家人的支持。在本书即将付梓之际，谨向各位表示由衷的感谢。

首先要感谢我的博士生导师李平教授，本书是在李平教授的悉心指导下完成的。李老师曾说过这样的话："有什么样的格局成就什么样的高度、有什么样的执着成就什么样的深度。其实，你加入这个团队，真的不是仅仅来写什么学术论文的。你是来书写人生的，你是来变革命运的。你的过往我不在乎也无法逆转，但是你的今天和明天，我会很在乎。"李老师强大的个人魅力给了我们前行的动力，李老师的启迪改变了我及同学们的人生轨迹。李老师对学生认真负责的态度、严谨的科学研究方法、敏锐的学术洞察力、勤勉的工作作风以及勇于创新、勇于开拓的精神是我永远学习的榜样。老师的言传身教必将使我受益终身！

其次要感谢上海大学经济学院的诸位老师，您们的学识让我心生敬佩！各位老师的授课、传业、解惑让我领略到上海大学经济学院的底蕴和风采，进而引我进入迷人的经济学殿堂。

最后要感谢父母、爱人对我的包容、照顾和各种支持！感谢同门田朔博士、许家云博士、慕绣如博士、杨俊博士、郭娟娟博士、杨丽娜博士等的关心与帮助！各位的名字虽没有一一列举，但由衷感谢！

后　记

本书的出版意味着新的学术和职业生活的开始，希望自己心存感恩，继续保持对学术的热爱和追求，勇往直前。

然而，由于笔者水平有限，编写时间仓促，所以书中错误和不足之处在所难免，恳请广大读者批评指正！

李淑云

2019年6月27日

于山东科技大学经管学院